廖氏家傳玄命風水學（四）

——秘訣篇：些子訣、兩元挨星、擇吉等

廖民生　著

心一堂當代術數文庫　堪輿類

書名：廖氏家傳玄命風水學（四）—秘訣篇：些子訣、兩元挨星、擇吉等
系列：心一堂當代術數文庫・堪輿類
作者：廖民生
新加坡弟子李霖生畫圖
廣州弟子李金榮整理校正
責任編輯：陳劍聰

出版：心一堂有限公司
地址（門市）：香港九龍旺角西洋菜街南街5號 好望角大廈1003室
電話號碼：(852)6715-0840
網址：publish.sunyata.cc
電郵：sunyatabook@gmail.com
網上書店http://book.sunyata.cc
網上論壇http://bbs.sunyata.cc/

版次：二零一七年八月初版

平裝

定價：港幣　一百三十八元正
新台幣　五百八十元正

國際書號　978-988-8317-61-5

香港及海外發行：香港聯合書刊物流有限公司
香港新界大埔汀麗路36號中華商務印刷大廈3樓
電話號碼：(852)2150-2100
傳真號碼：(852)2407-3062
電郵：info@suplogistics.com.hk

台灣發行：秀威資訊科技股份有限公司
地址：台灣台北市內湖區瑞光路七十六巷六十五號一樓
電話號碼：(886)2796-3638
傳真號碼：(886)2796-1377
網絡書店：www.govbooks.com.tw

中國大陸發行 零售：心一堂書店
深圳地址：中國深圳羅湖立新路六號東門博雅負一層零零八號
電話號碼：(86)0755-82224934
北京地址：中國北京東城區雍和宮大街四十號
心一堂官方淘寶：sunyatacc.taobao.com/

目錄

心一堂當代術數文庫・堪輿類

第一章　楊派六門些子訣

久傳六門些子法是楊公風水中的核心秘術之一，從未見之著錄。直至二零零四年，我應弟子要求，才在弟子中傳授。使學員了解風水羅盤中六十四卦的應用，廖氏家傳玄命風水學（四）出版機會，公開秘訣，望有緣者珍之。

訣曰：顛顛倒八卦只有一卦通

用法：以坐山為主，按後天卦差二相通的方法，調用之（具體用法將在面授班中，結合實例說明）

家人四　丙寅　既濟九　甲寅

睽二　甲辰　歸妹七　癸卯

未濟九　甲申　解四　丙申

漸七　癸酉　蹇二　甲戌

二四通

七九通

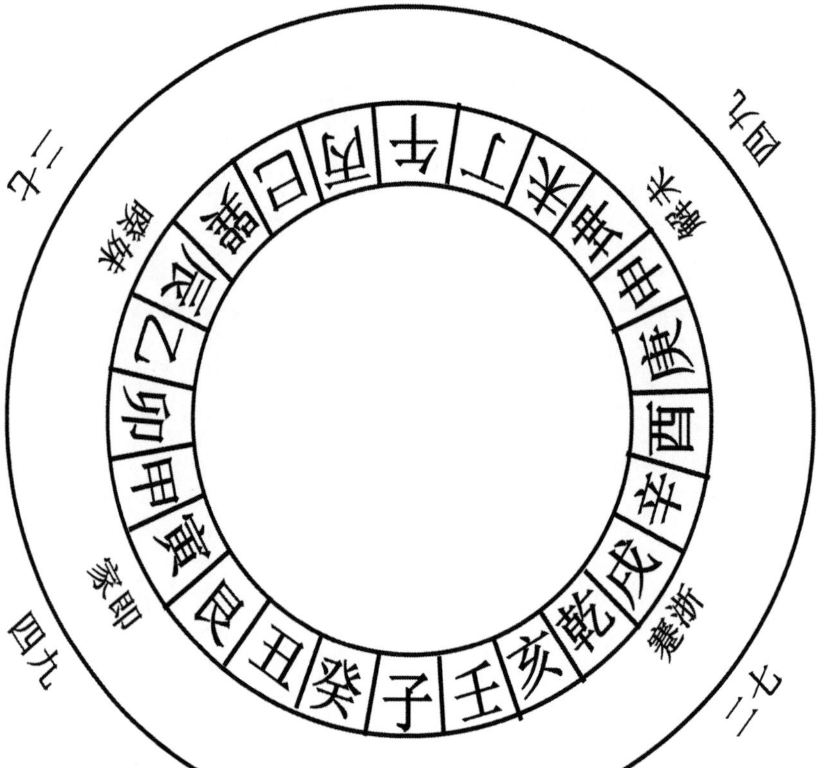
四九
二七
四九
二七
午
丁
未
坤
申
庚
酉
辛
戌
乾
亥
壬
子
癸
丑
艮
寅
甲
卯
乙
辰
巽
巳
丙

坤一　甲子　剝六　癸亥
復八　甲子　頤三　丁亥
乾一　甲午　夬六　癸巳
姤八　甲午　大過三丙午
一三通
六八通

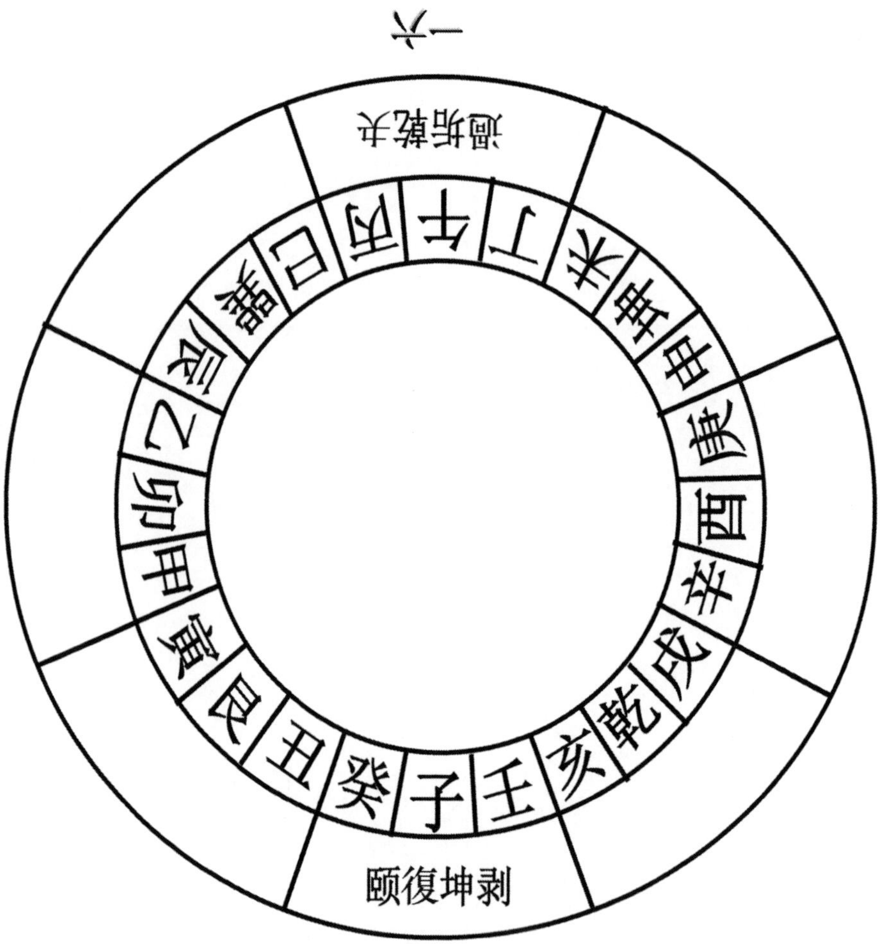
一六
遯姤乾夬
午 丁 未 坤 申 庚 酉 辛 戌 乾 亥 壬 子 癸 丑 艮 寅 甲 卯 乙 辰 巽 巳 丙
剝坤復頤
三八一六

比七　辛亥　觀二　己亥
益九　庚子　屯四　戊子
損九　丁卯　臨四　乙卯
蒙二　庚申　師七　壬申
二四通
七九通

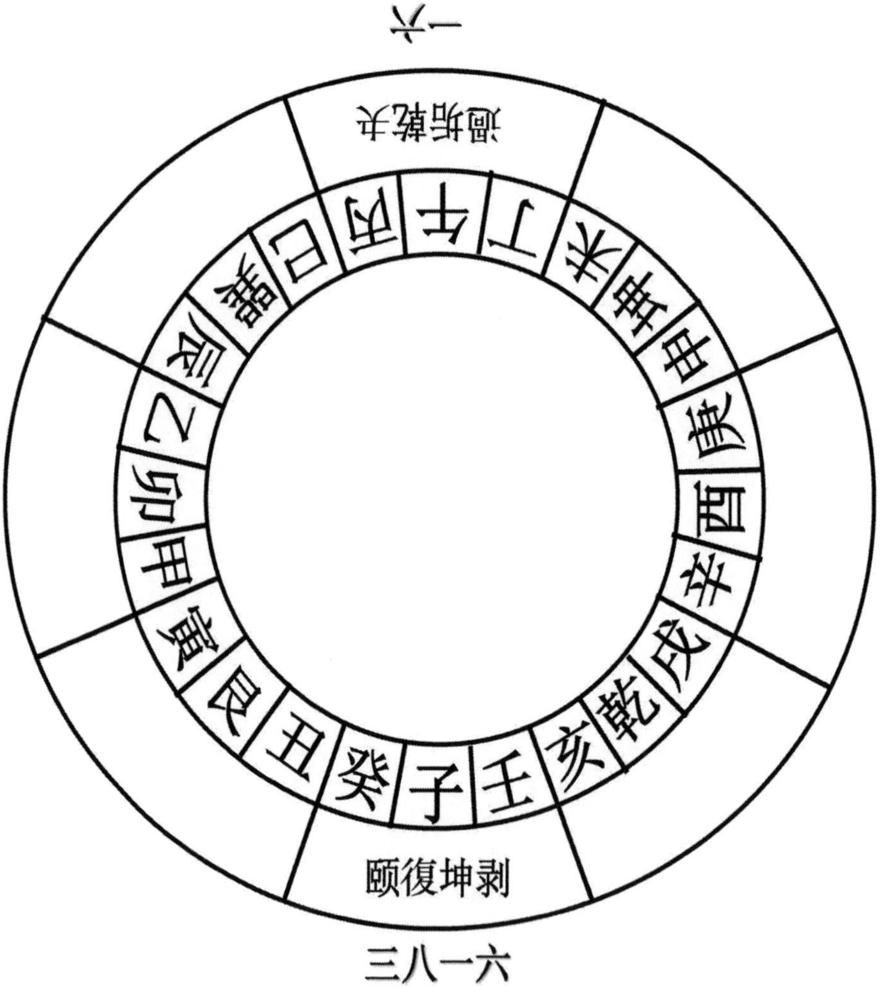
六一
遁姤乾夬
剝坤復頤
六一八三
子 癸 丑 艮 寅 甲 卯 乙 辰 巽 巳 丙 午 丁 未 坤 申 庚 酉 辛 戌 乾 亥 壬

恆九　庚午　鼎四　戊午
大有七　辛巳　大壯二　己巳
同人七　壬寅　革二　庚寅
咸九　丁酉　遯四　乙酉
七九通　二四通

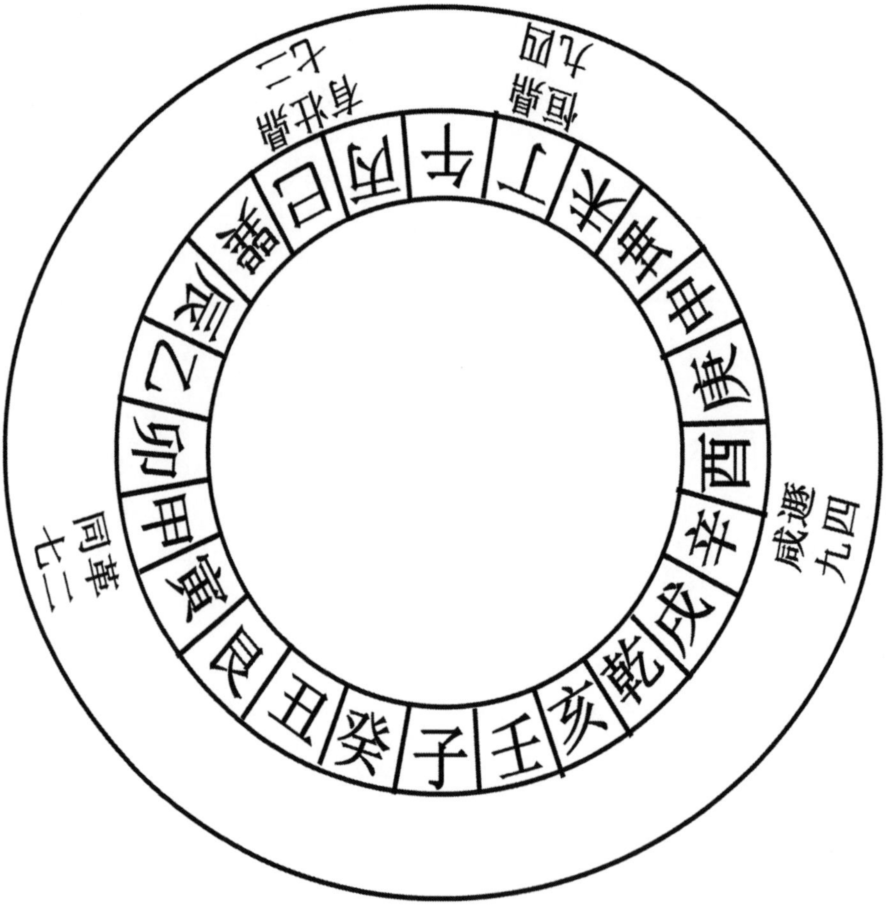
同革
七二
咸遯
九四

萃四　壬戌　升二　己未

否九　庚戌　蠱七　丁未

妄二　己丑

隨七　丁丑

泰九　庚辰

大畜四　壬辰

一三　六八通

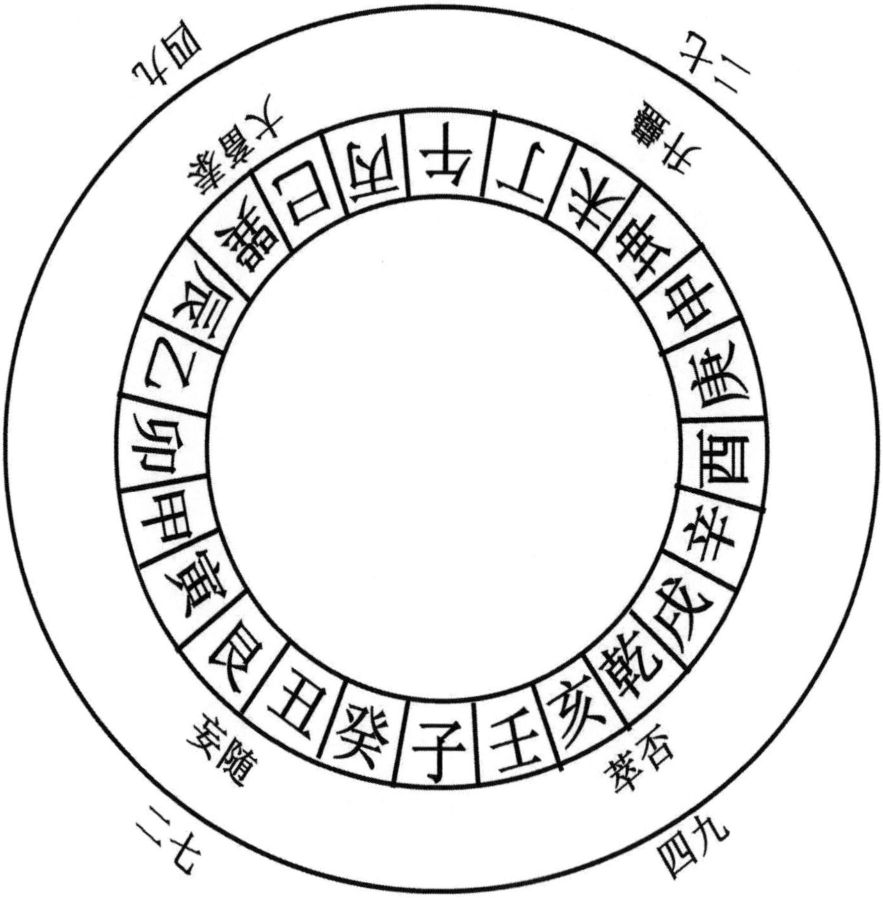
子
癸
丑
艮
寅
甲
卯
乙
辰
巽
巳
丙
午
丁
未
坤
申
庚
酉
辛
戌
乾
亥
壬
大畜泰
升蠱
萃否
妄隨
四九
二七
二七
四九

離一　庚寅　豐六　戊寅
中孚三　辛卯　節八　己卯
大過三　辛酉　旅八　己酉
坎一　庚申　渙六　戊申
七九通　二四通

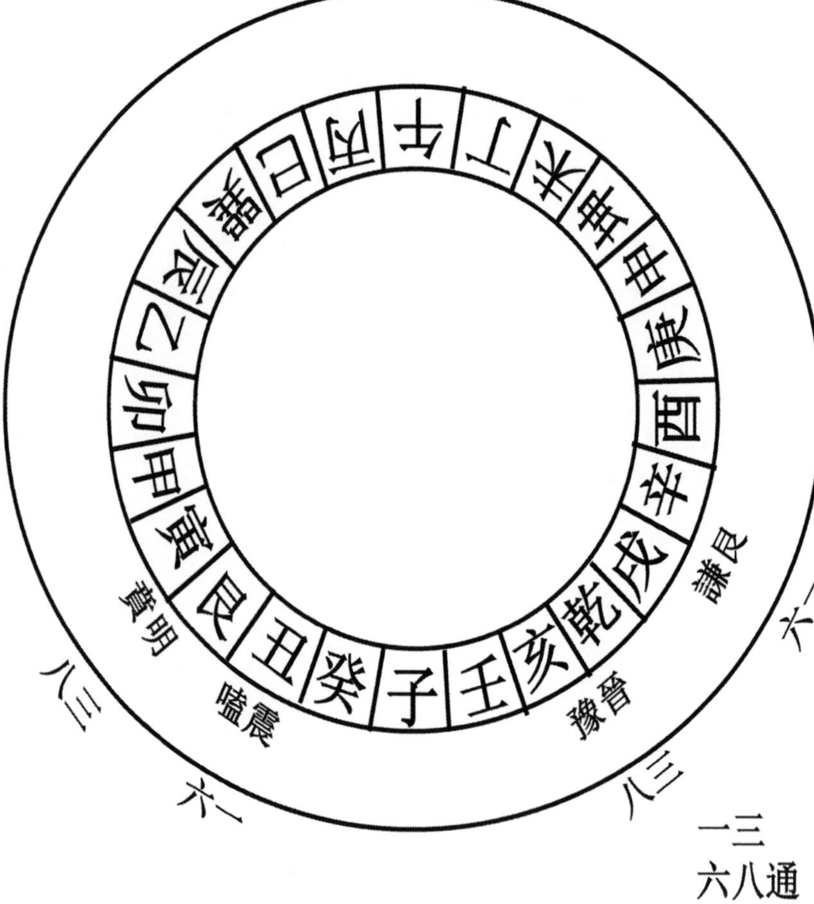
子
癸
丑
艮
寅
甲
卯
乙
辰
巽
巳
丙
午
丁
未
坤
申
庚
酉
辛
戌
乾
亥
壬
賁明
噬震
豫晉
謙艮
八三
六一
八三
六一
一三
六八通

賁八　癸丑　明三　辛丑
嗑六　乙丑　震一　壬子
豫八　丁亥　晉三　乙亥
謙六　戊戌　艮一　丙戌

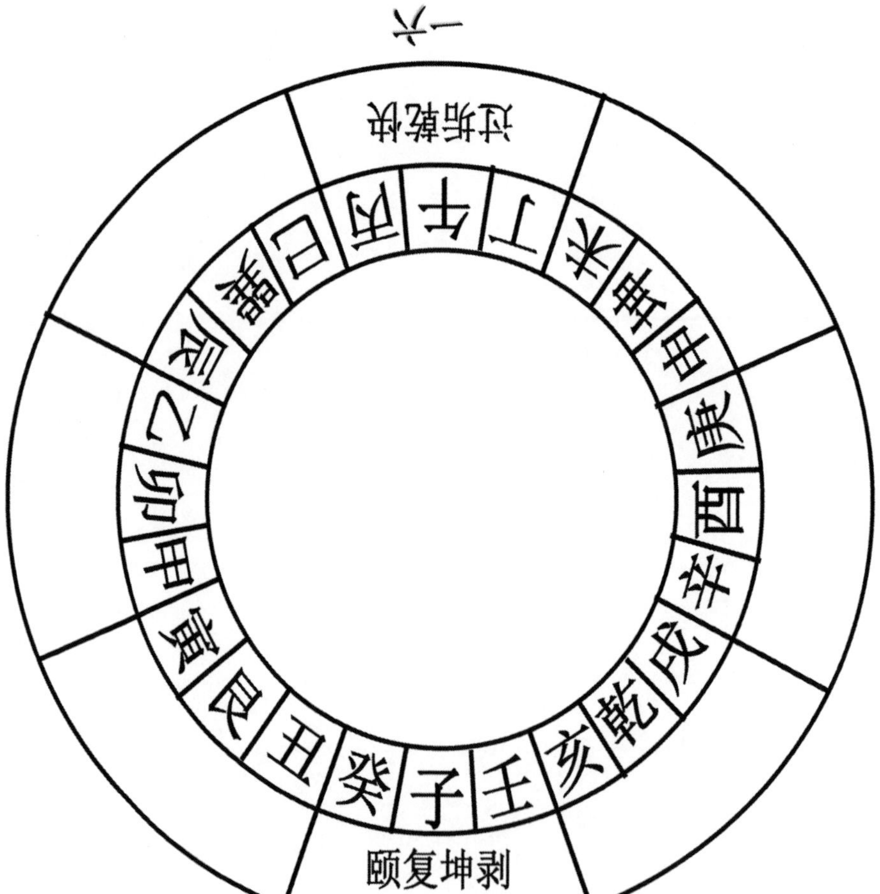
子
癸
丑
艮
寅
甲
卯
乙
辰
巽
巳
丙
午
丁
未
坤
申
庚
酉
辛
戌
乾
亥
壬

例一：移床換氣迎合那些子

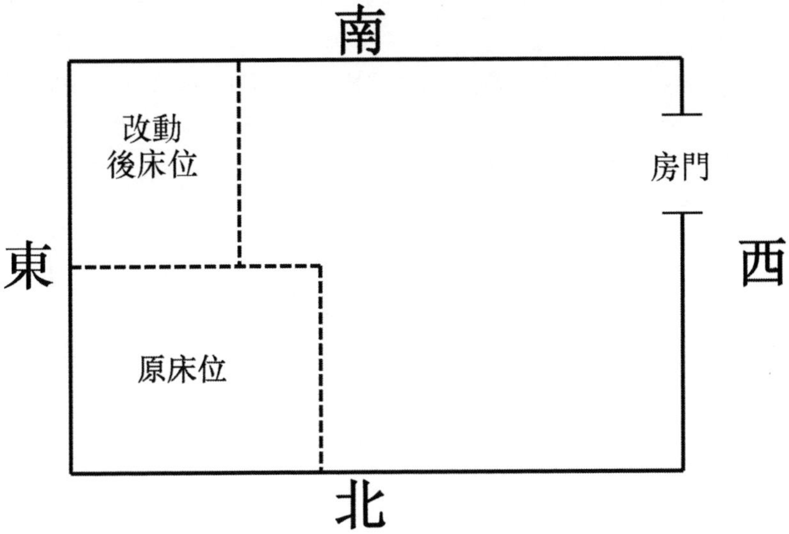

此為濟南一學員住宅，入住後財運一般平平，乙酉年上半年財運特別差，常犯小人。我辦完蓬萊面授班後路過濟南，此學員特請我到他住宅觀測風水如何，我看完後，此房很小有數十平米，其它方位根本不可能改動，我特施用本門秘法，陽宅六門法，擇定日課程把床移動由原來東向西床，改為坐南向北，隨行弟子李某立即說如此改動即把犯俗說的房門沖大床不吉。我說此為秘法妙用越沖越發。因坐山丁與大門辛合六門的些子訣，果按日課搬床後，第二天一筆生意上門，幾天賺四萬，後生意源源不斷。同時又請我去設計佈局時，老總高興地說，自改門後到年尾剛好有八件喜事。想不到改門竟有這樣大的效果，風水真不簡單。此類例子在每年都有很多很多，自零一年辛巳年在山東蓬萊舉辦第一個面授班以來，每一年都有在山東蓬萊舉辦一次面授班。幾年來，由於本門是楊公真傳功夫，不少學員正成為當地名師。近兩年來自香港、新加波、馬來西亞、印尼、法國、加拿大等等世界各地的學員上門求學的源源不斷。再加上拙著《廖氏家傳玄命風水學》在香港由心一堂出版後，請我看風水、擇日的也像雪花一樣飛來，根本沒有時間寫例子。今天接到于天貴會長的電話，嫌我一年多沒供例子，特隨意舉了兩例。飲水思源，我成名也從蓬萊這仙島起，我不會忘記這裡。

例二：俗說太歲不可犯，犯之即凶。我說非也，若合些子，越犯越發。

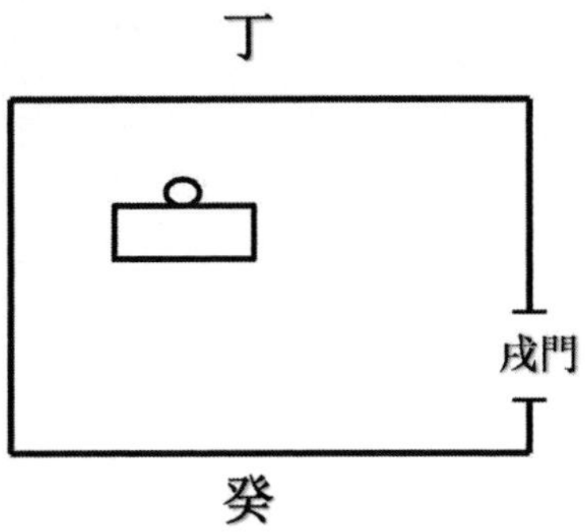

原樣圖

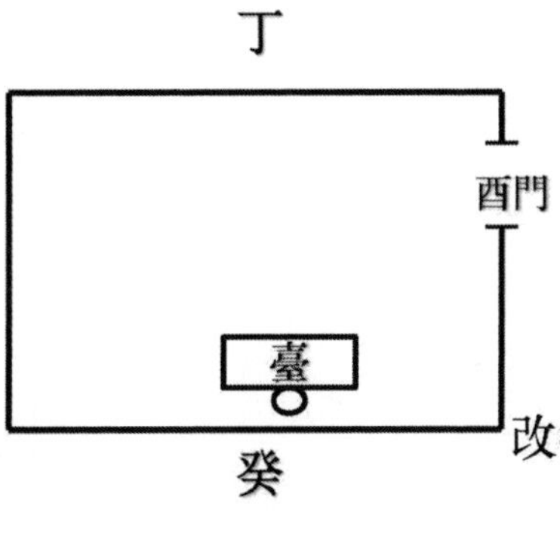

改後圖

此為山東某大公司的總經理辦公室，原辦公室坐丁山癸向後門開在戌位，公司生意不穩，時好時壞，生意無法擴大。去年春天此公司特請我去觀風水，發現公司有許多地方不合風水要求，如全面改建要花費近百萬，不合算。我說不如單改一下老總的辦公室，這樣花費不多，我測了一下原老總辦公台坐丁山大門開戌位，按現在兩元算坐正神門正神，正神旺，零神衰，這樣旺人不旺財。後我發現改癸山開酉門剛好與本門六門法此子訣相合。但此公司老總也是個風水迷，太歲力最大，好時是最吉但凶事也最凶的，放心即可。後按我擇的日課修改後，先有一個產品在全國評比中獲金獎，後又評為省高新科技企業。好事連連不斷，最後冬天公司在濟南開設一分公司。

例三：

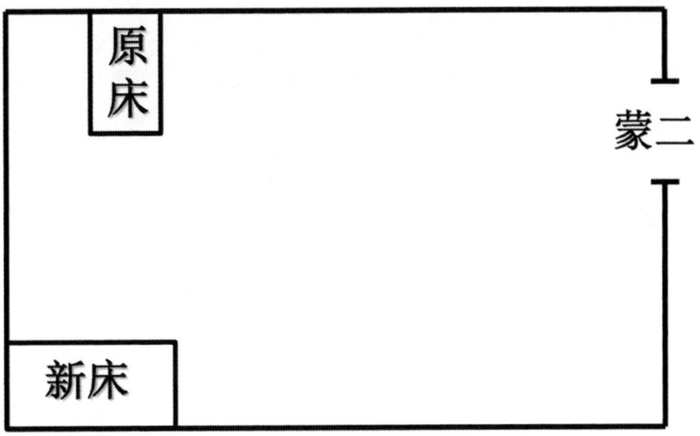

此例按些子法擇吉課將床位調整後財運大增

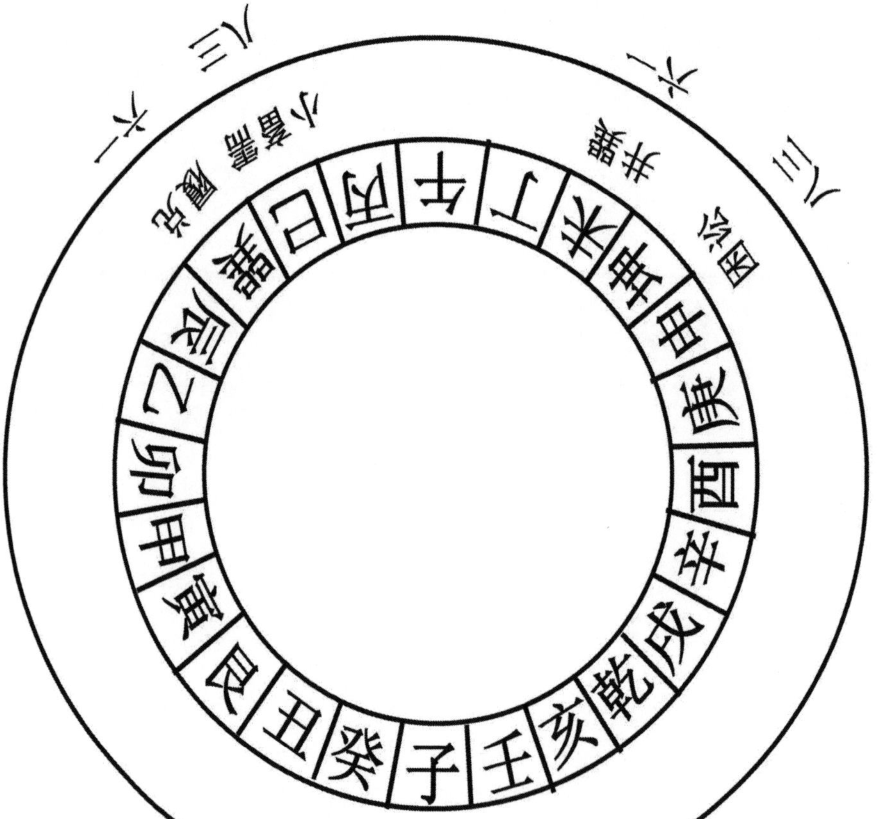
子
癸
丑
艮
寅
甲
卯
乙
辰
巽
巳
丙
午
丁
未
坤
申
庚
酉
辛
戌
乾
亥
壬
一三
六八通

困八　癸未　訟三　辛未
巽一　壬午　井六　乙未
小畜八丁巳　需三　乙巳
履六　戊辰　兌一　丙辰

第二章　兩元挨星

一、兩元顛倒訣

1、顛倒（陽星與陰星）

上元：一白、二黑、三碧、四祿——正神屬陽星
　　　六白、七赤、八白、九紫——零神屬陰星
下元：六白、七赤、八白、九紫——零神屬陽星
　　　一白、二黑、三碧、四祿——正神屬陰星

《天玉經內傳》曰：「翻天倒地對不同，秘密在玄空」。「翻天倒地」意指上下兩元陰陽星之大變化而言。

2、順逆原則

陽星順飛，陰星逆行。《青囊序》曰：「陽從左邊團團轉，陰從右路轉相通」。以中空立極點而論，往乾宮是左（順時針）往巽為右（逆時針）。

二、兩元挨星秘訣

1、挨星口訣

甲癸申一白貪狼行　　坤壬乙二黑是巨門
子卯未三碧祿存星　　戌乾巳四祿為文曲
辰巽亥六白武曲星　　艮丙辛七赤是破軍
寅庚丁八白為輔星　　午酉丑九紫右弼星

兩元論風水是以地盤卦位論的，合零正則吉，不合零正則凶。挨星是用於立向之用，收取當元最旺之氣，挨星是論向不論坐的。

例：欲立西南向，但為未坤申取哪向好呢？這就要用換星來看哪向能收旺氣了。

2、一洛書五行一六水，二七火，三八木，四九金，五十土，與向上挨星論生剋。運星為外，向星為內，其生剋關係如下：

（一）運與向比和為旺，大吉

（二）向生運為病，主凶

（三）運生向為進，次吉

（四）向剋運為病，主凶

（五）運剋向為進，少吉

列表如下：

向	小運	一六	二七	三八	四九	五
甲癸申	一	旺	病	病	進	進
坤壬乙	二	進	旺	進	病	病
子卯未	三	進	病	旺	進	病
乾戌巳	四	病	進	病	旺	進
巽辰亥	六	旺	病	病	進	進
艮丙辛	七	進	旺	進	病	病
寅庚丁	八	進	病	旺	進	病
午酉丑	九	病	進	病	旺	進

2、兩元挨星向之旺衰

例：八運查表的，子卯未寅庚丁六向為旺，立此六向最佳，但要符合兩元正零神方大利，否則凶最速。如：立卯向，前面見水，八運震卦為零神，可速發。若前方見高山，無水，屬零神上山，速敗。

3、兩元九運旺山卦

一運：坎離坤兌　二運：坤乾坎巽　三運：震巽艮離

四運：巽離震兌　六運：乾坤艮離　七運：兌艮坎巽

八運：艮兌乾震　九運：離坎乾震

坐山合小運為旺，不合則衰，坐山旺，向上挨星也旺，稱旺山旺向最吉。

二十四向收砂納水兼向四十八局

辛向

上元收坤峰
下元收坤水

挨星破七火
一六運：進
二七運：旺
三八運：進
四九運：病

9
8
离
坤
1
巽
逆
兑
7
乙兼卯
震
乾
2
6
艮
坎
3
4

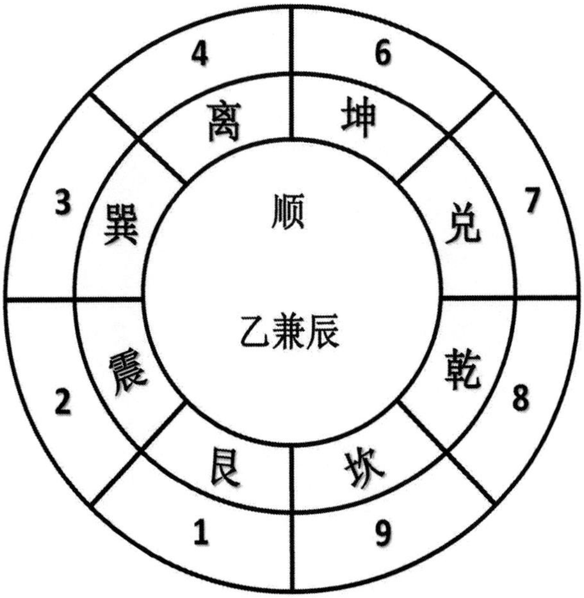
4
6
离
坤
3
巽
顺
兑
7
乙兼辰
震
乾
2
8
艮
坎
1
9

挨星文四金　　戌向　　上元收離水
　　　　　　　　　　　下元收離峰
一六運：病
二七運：進
三八運：進
四九運：旺

1
2
离
坤
9
巽
顺
兑
3
辰兼巽
震
乾
8
4
艮
坎
7
6

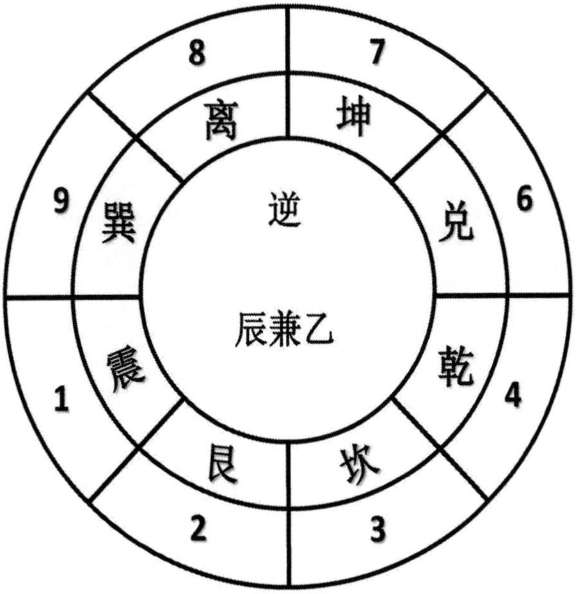
8
7
离
坤
9
巽
逆
兑
6
辰兼乙
震
乾
1
4
艮
坎
2
3

挨星文四金　乾向　上元收離水

一六運：病　　下元收離峰

二七運：進

三八運：病

四九運：旺

1
2
离
坤
9
巽
顺
兑
3
巽兼巳
震
乾
8
4
艮
坎
7
6

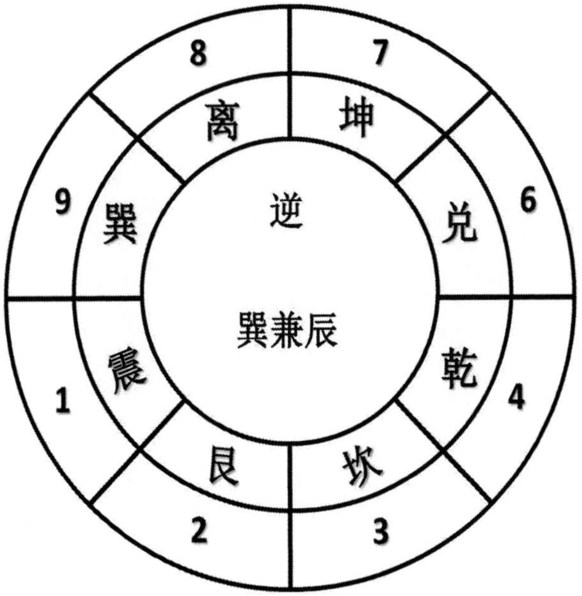
8
7
离
坤
9
巽
逆
兑
6
巽兼辰
震
乾
1
4
艮
坎
2
3

挨星文武曲六水　亥向　上元收坎峰

下元收坎水

一六運：旺

二七運：病

三八運：病

四九運：進

2
3
离
坤
1
巽
顺
兑
4
午兼丙
震
乾
9
6
艮
坎
8
7

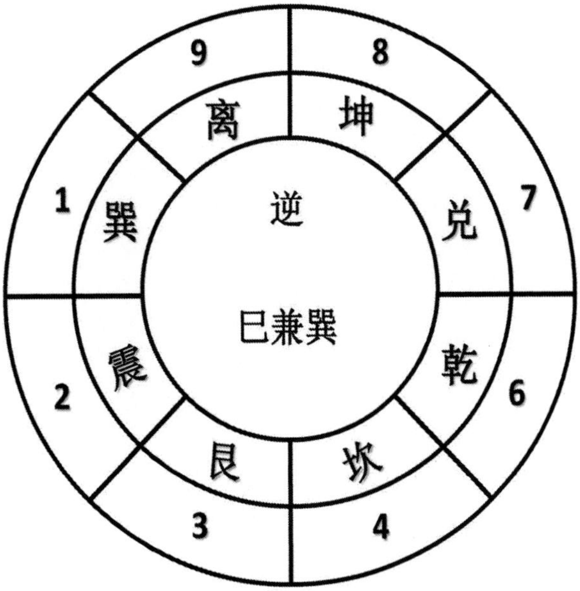
9
8
离
坤
1
巽
逆
兑
7
巳兼巽
震
乾
2
6
艮
坎
3
4

挨星巨二火　壬向　上元收兌水

一六運：進　下元收兌峰

二七運：旺

三八運：進

四九運：病

7
8
离
坤
6
巽
顺
兑
9
丙兼午
震
乾
4
1
艮
坎
3
2

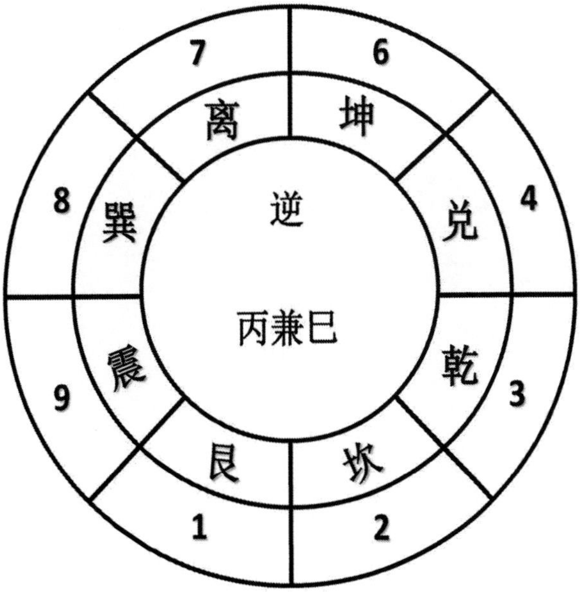
7
6
离
坤
8
巽
逆
兑
4
丙兼巳
震
乾
9
3
艮
坎
1
2

挨星文祿三木　子向　上元收艮水

一六運：進　下元收艮峰

二七運：病

三八運：旺

四九運：進

8
9
离
坤
7
巽
顺
兑
1
午兼丁
震
乾
6
2
艮
坎
4
3

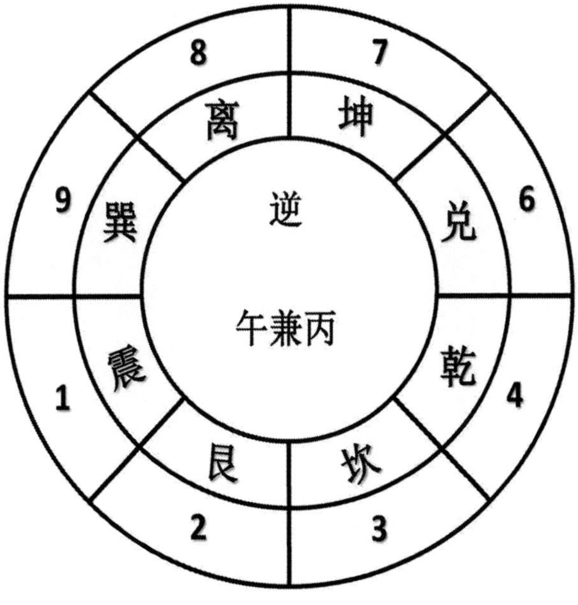
8
7
离
坤
9
巽
逆
兑
6
午兼丙
震
乾
1
4
艮
坎
2
3

挨星文輔八木　　庚向　　上元收震峰

下元收震水

一六運：進

二七運：病

三八運：旺

四九運：進

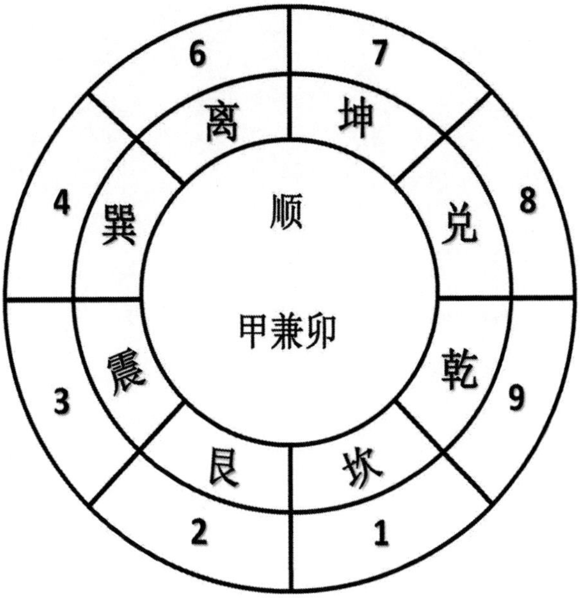
6
7
离
坤
4
巽
顺
兑
8
甲兼卯
震
乾
3
9
艮
坎
2
1

1
9
离
坤
2
巽
逆
兑
8
甲兼寅
震
乾
3
7
艮
坎
4
6

挨星弼九金　酉向　上元收巽峰

一六運：病　下元收巽水

二七運：進

三八運：病

四九運：旺

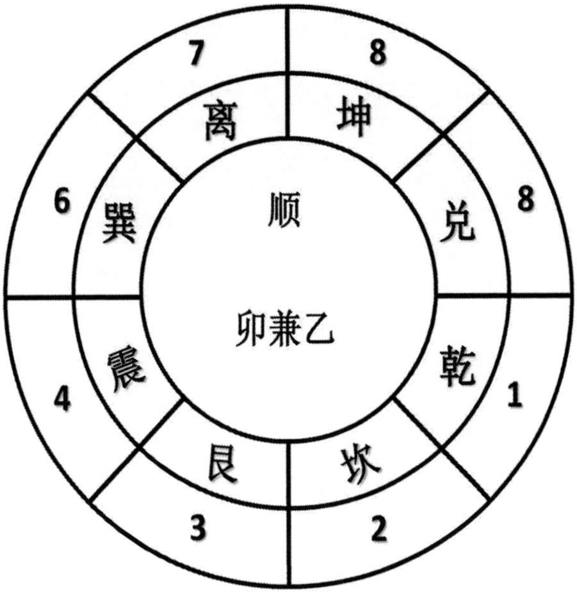
7
8
离
坤
6
巽
顺
兑
8
卯兼乙
震
乾
4
1
艮
坎
3
2

2
1
离
坤
3
巽
逆
兑
9
卯兼甲
震
乾
4
8
艮
坎
6
7

挨星文輔八木　　丁向　　上元收震峰
下元收震水
一六運：進
二七運：病
三八運：旺
四九運：進

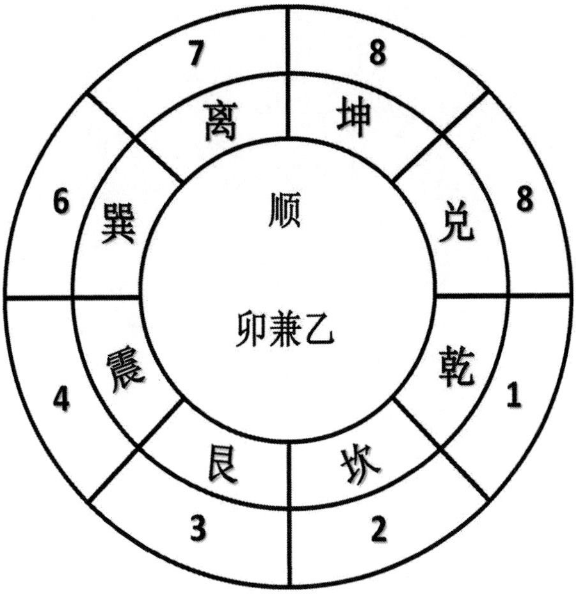
7
8
离
坤
6
巽
顺
兑
8
卯兼乙
震
乾
4
1
艮
坎
3
2

2
1
离
坤
3
巽
逆
兑
9
卯兼甲
震
乾
4
8
艮
坎
6
7

挨星文祿三木　未向　上元收艮水

一六運：進　下元收艮峰

二七運：病

三八運：旺

四九運：進

2
3
离
坤
1
巽
顺
兑
4
丑兼艮
震
乾
9
6
艮
坎
8
7

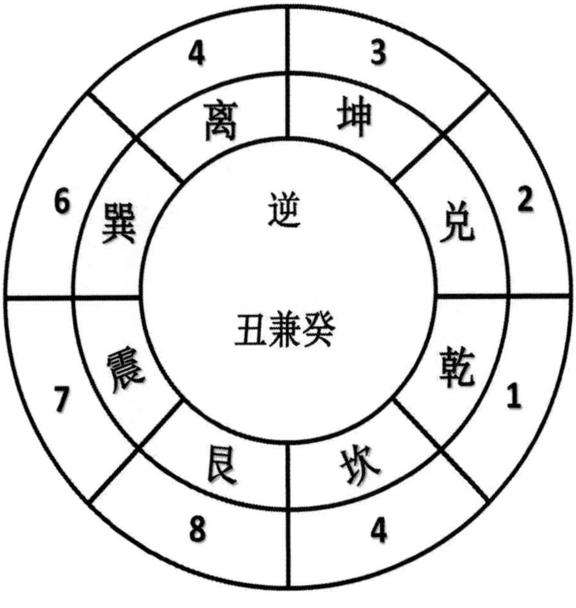
4
3
离
坤
6
巽
逆
兑
2
丑兼癸
震
乾
7
1
艮
坎
8
4

午挨星弼九金　午向　上元收巽峰
一六運：病　　　　　下元收巽水
二七運：進
三八運：病
四九運：旺

顺
子兼癸
离
坤
兑
乾
坎
艮
震
巽
9
1
2
3
4
6
7
8

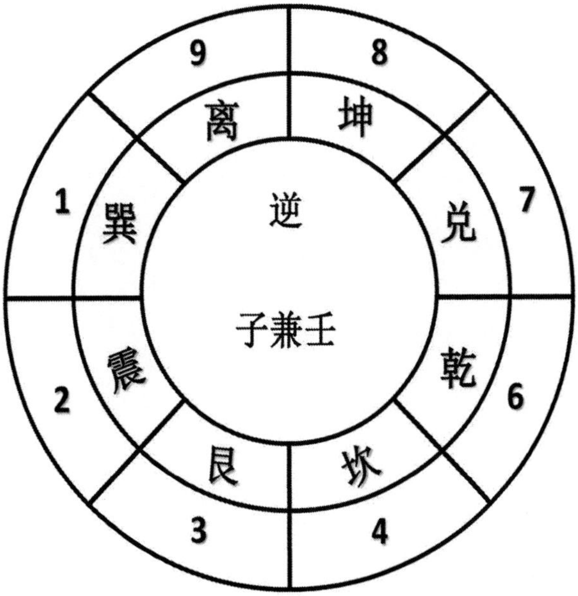
逆
子兼壬
离
坤
兑
乾
坎
艮
震
巽
9
8
7
6
4
3
2
1

挨星破軍七火　丙向　上元收坤峰

一六運：進　下元收坤水

二七運：旺

三八運：進

四九運：病

7
8
离
坤
9
兑
乾
1
坎
2
艮
3
震
4
巽
6
顺
壬兼子

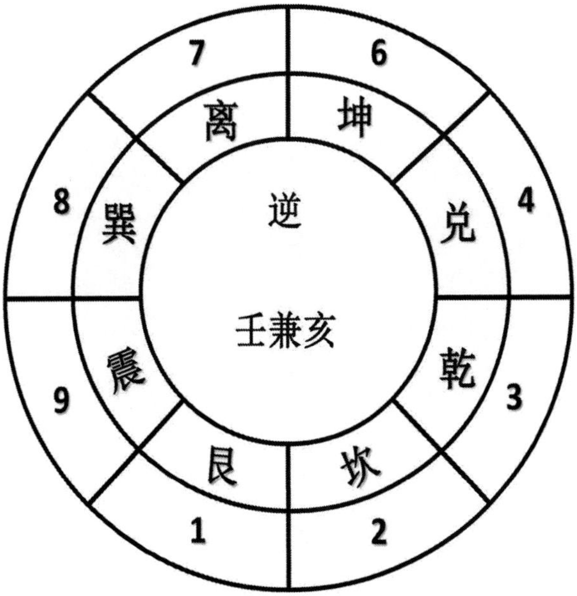
7
6
离
坤
4
兑
乾
3
坎
2
艮
1
震
9
巽
8
逆
壬兼亥

挨星巨二火　坤向　上元收兌水

一六水：進　下元收兌峰

二七火：旺

三八木：進

四九金：病

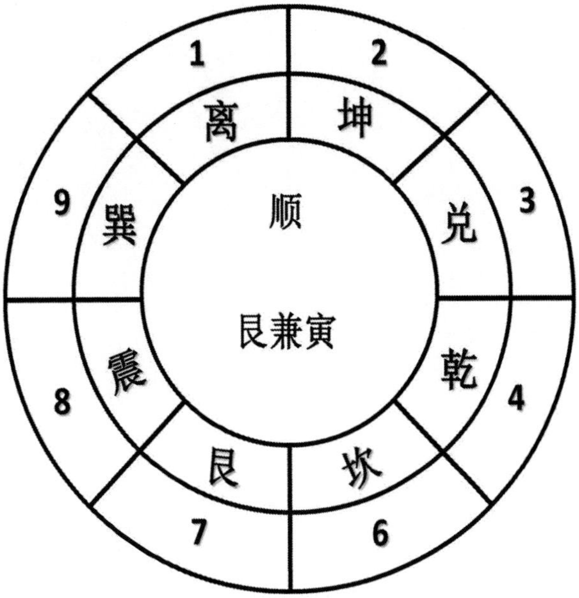
1
2
离
坤
9
巽
顺
兑
3
艮兼寅
8
震
乾
4
艮
坎
7
6

3
2
离
坤
4
巽
逆
兑
1
艮兼丑
6
震
乾
9
艮
坎
7
8

挨星一貪水　申向　上元收乾水
　　　　　　　　　下元收乾峰
一六水：旺
二七火：病
三八木：病
四九金：進

9
1
离
坤
8
巽
顺
兑
2
寅兼甲
7
震
乾
3
艮
坎
6
4

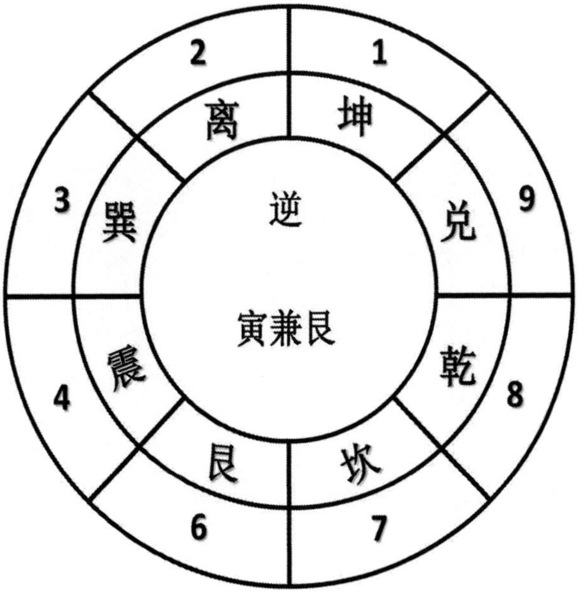
2
1
离
坤
3
巽
逆
兑
9
寅兼艮
4
震
乾
8
艮
坎
6
7

挨星六武水　巽向　上元收坎峰

一六運：旺　下元收坎水

二七運：病

三八運：病

四九運：進

7
8
离
坤
6
巽
顺
兑
9
乾兼亥
震
乾
4
1
艮
坎
3
2

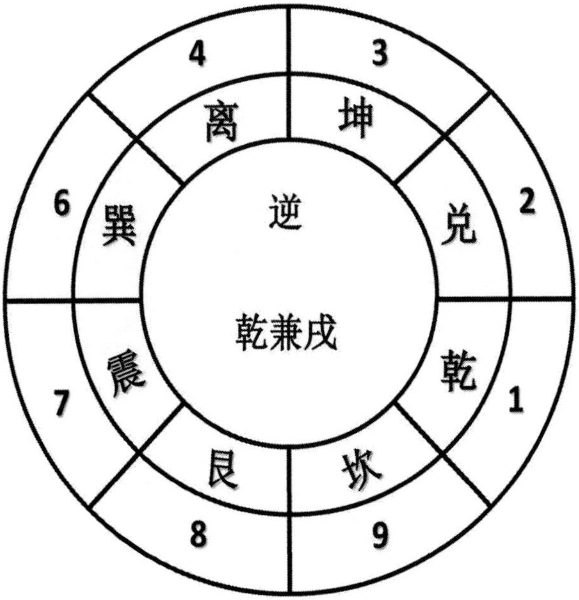
4
3
离
坤
6
巽
逆
兑
2
乾兼戌
震
乾
7
1
艮
坎
8
9

挨星四文金　巳向　上元收離水
　　　　　　　　　下元收離峰
一六運：病
二七運：進
三八運：病
四九運：旺

6
7
离
坤
4
巽
顺
兑
8
亥兼壬
震
乾
3
9
艮
坎
2
1

3
2
离
坤
4
巽
逆
兑
1
亥兼乾
震
乾
6
9
艮
坎
7
8

挨星一貪水　甲向　上元收乾水

一六運：旺　　　　下元收乾峰

二七運：病

三八運：病

四九運：進

3
4
离
坤
2
巽
顺
兑
6
庚兼酉
震
乾
1
7
艮
坎
9
8

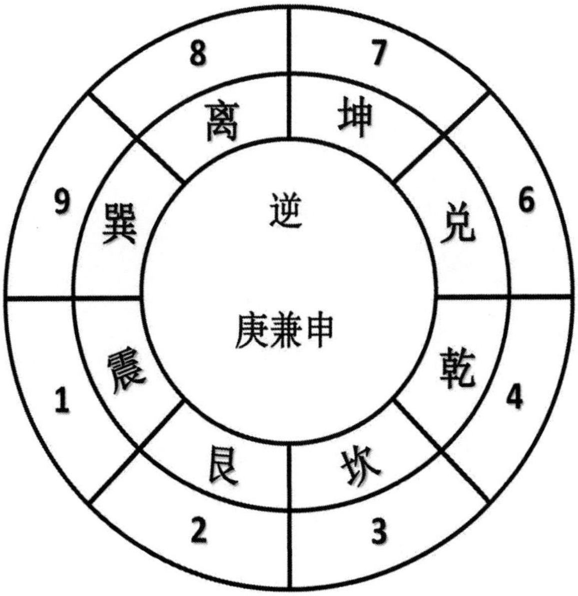
8
7
离
坤
9
巽
逆
兑
6
庚兼申
震
乾
1
4
艮
坎
2
3

挨星三祿木　卯向　上元收艮水

一六運：進　　　　下元收艮峰

二七運：病

三八運：旺

四九運：進

6
7
离
坤
4
巽
顺
兑
8
西兼辛
震
乾
3
9
艮
坎
2
1

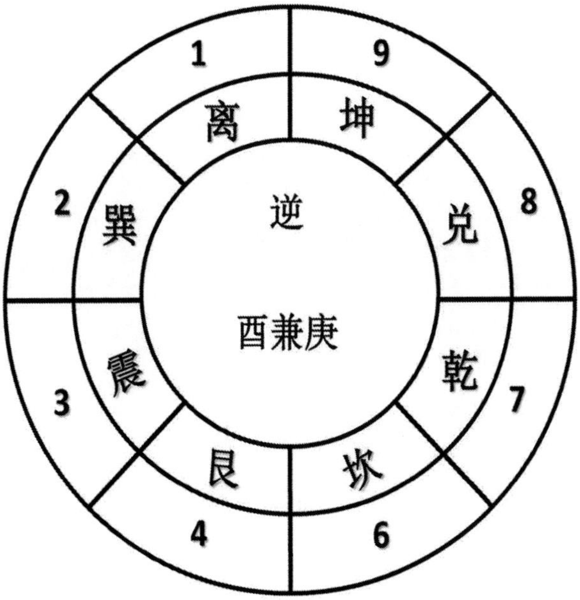
1
9
离
坤
2
巽
逆
兑
8
西兼庚
震
乾
3
7
艮
坎
4
6

挨星二巨火　乙向　上元收兌水

一六水：進　下元收兌峰

二七火：旺

三八木：進

四九金：病

4
6
离
坤
3
巽
顺
兑
7
辛兼戌
震
乾
2
8
艮
坎
1
9

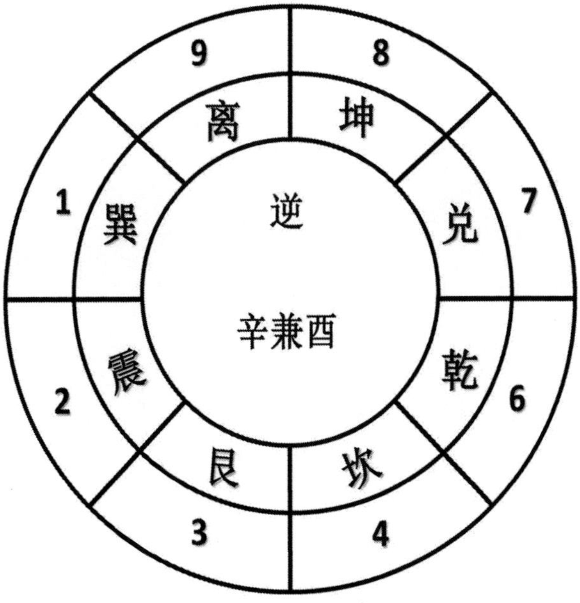
9
8
离
坤
1
巽
逆
兑
7
辛兼酉
震
乾
2
6
艮
坎
3
4

挨星六武水　　辰向　　上元收坎峰

一六運：旺　　　　　　下元收坎水

二七運：病

三八運：病

四九運：進

7
8
离
坤
6
巽
顺
兑
9
戌兼乾
震
乾
4
1
艮
坎
3
2

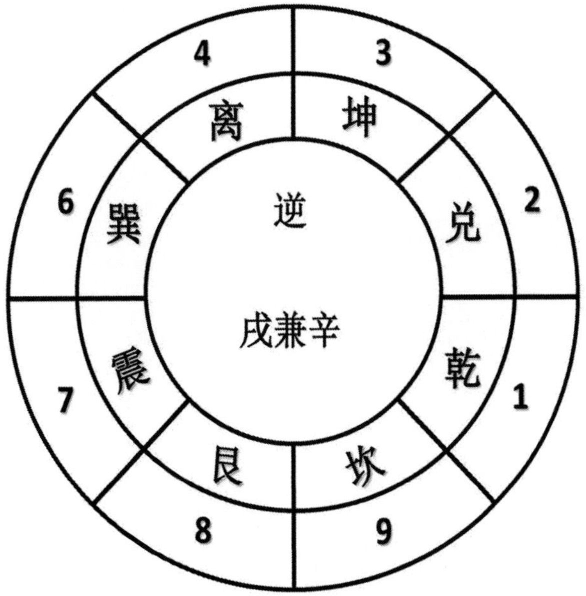
4
3
离
坤
6
巽
逆
兑
2
戌兼辛
震
乾
7
1
艮
坎
8
9

挨星破七火　艮向　上元收坤峰

一六運：進　　下元收坤水

二七運：旺

三八運：進

四九運：病

1
2
离
坤
9
巽
顺
兑
3
坤兼申
震
乾
8
4
艮
坎
7
6

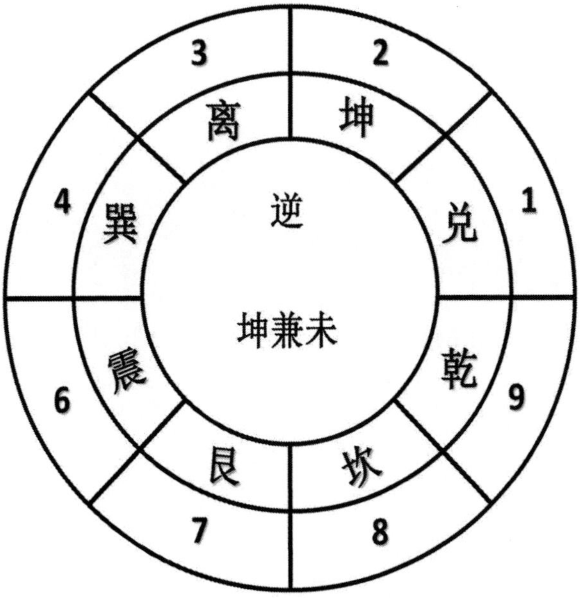
3
2
离
坤
4
巽
逆
兑
1
坤兼未
震
乾
6
9
艮
坎
7
8

挨星輔八木　　寅向　　上元收震峰

一六運：進　　　　　　下元收震水

二七運：病

三八運：旺

四九運：進

2
3
离
坤
1
巽
顺
兑
4
申兼庚
震
乾
9
6
艮
坎
8
7

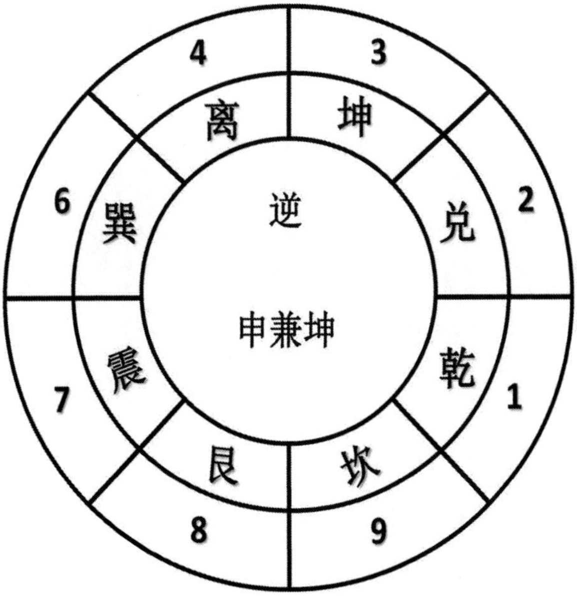
4
3
离
坤
6
巽
逆
兑
2
申兼坤
震
乾
7
1
艮
坎
8
9

挨星一貪水　癸向　上元收乾水

一六運：旺　　　下元收乾峰

二七運：病

三八運：病

四九運：進

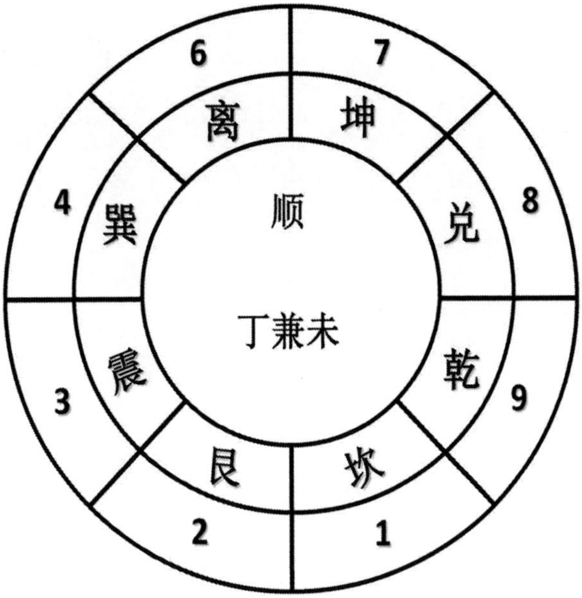
6
7
离
坤
4
巽
顺
兑
8
丁兼未
震
乾
3
9
艮
坎
2
1

6
4
离
坤
7
巽
逆
兑
3
丁兼午
震
乾
8
2
艮
坎
9
1

挨星弼九金　丑向　上元收巽峰

一六運：病　下元收巽水

二七運：進

三八運：病

四九運：旺

3
4
离
坤
2
巽
顺
兑
6
未兼坤
震
乾
1
7
艮
坎
9
8

6
4
离
坤
7
巽
逆
兑
3
未兼丁
震
乾
8
2
艮
坎
9
1

第三章　流星七十二局

三元龍　天：乾坤艮巽　陽　子午卯酉　陰
　　　　地：甲庚丙壬　陽　辰戌丑未　陰
　　　　人：寅申巳亥　陽　癸丁乙辛　陰

用法：當運星入中順飛到向，再将向上飛星起挨星入中按正神順飛零神逆飛佈九宮。運盤的作用僅在於求出向星，以定流星盤。運星與流星之間不論生剋，主要依流星盤正零神及宮星生剋，用於斷事和催財官之用。

例：六運之子山午向：

5	1	3
4	6	8
9	2	7

運星六入中布星圖

4	8	6
5	3	1
9	7	2

流星盤

流星到向飛星為一，屬坎卦納壬子癸三山，子為天元龍挨星為三逆佈。

口訣：下元一二三四零神屬陰逆飛，六七八九正神屬陽順飛，上元反向。

楊公七十二局

注：楊公七十二局的說法有多種，有三合，玄空，分金等等，皆為托名而已。七十二局以向上挨星七十二局數為正宗，挨星者九星，五黃入中不用，餘八數，小運九數，兩者相乘得出七十二局，此為由來。

挨星口訣：

甲癸申一白貪；
坤壬乙二巨門；
子卯未三祿存；
戌乾巳四文曲；
辰巽亥六武曲；
艮丙辛七破軍；
寅庚丁八左輔；
午酉丑九右弼；

龍分天，地，人三論

天元：子，午，卯，酉，乾，坤，艮，巽。

人元：乙，辛，丁，癸，寅，申，巳，亥。

地元：甲，庚，壬，丙，辰，戌，丑，未。

例如，下元八運子山午向

7	3	5
6	8	1
2	4	9

八運盤

4	8	6
5	3	1
9	7	2

午向八運流星盤（下元祿存局）

注：八運盤三到向，為震，子山屬天元，查震宮天元為卯，挨星三入中逆飛，得出流星盤祿存局。

上元：一、二、三、四為陽順飛，六、七、八、九為陰逆飛。

下元：六、七、八、九為陽順飛，一、二、三、四為陰逆飛。

注：五運前十年歸巽四運管，後十年歸乾六運管。

上元貪狼局

一運：甲山庚向
巳山亥向
二運：辰山戌向
亥山巳向
三運：辛山乙向
亥山巳向
四運：寅山申向
戌山辰向
辛山乙向

9	5	7
8	1	3
4	6	2

上元貪狼局

坎宮：見峰（風）：零神生正峰，為逢凶化吉，先失後得，利科甲，文貴才子。應子，午年，中男位。

見水：為凶，主敗中男，腎病，耳疾，淫蕩，盜賊。

坤宮：見峰（風）：為人貪財，主田產之富，利長女，老母。應未，申年。

見水：先凶後吉之局。主腹病，流產，寡婦，精神病。

震宮：見峰（風）：出非廉明之宮，主鼻病，脊病，胃疾，損男童，卯年應。

見水：凶，少男，長子受災。

巽宮：見峰（風）：木火通明，必生聰明之士，利文貴，好文藝，男女秀司俊，柔順。

見水：先凶後吉，主膽病，風疾，淫蕩，難產，應長女，長婦。

乾宮：見峰（風）：為凶局，主頭病，頸疾，肺疾，損老翁，傷丁。

見水：吉長久富貴，主武貴，中孝仁義，長壽，旺丁。

兌宮：見峰（風）：凶格，傷少女，腳疾，橫禍，官非口舌，喉疾，盜賊。

見水：多出貪圖之輩。犯桃花，換妻。

艮宮：見峰（風）：凶，損少男，棍傷，鼻病，脊痛，胃病。

見水：先吉後凶，得小財，後敗。

離宮：見峰（風）：犯路沖，主血光，意外，黃腫，瘡毒。

見水：五里神水，必聚發富。

上元巨門局

一運：乙山辛向
巽山乾向
二運：巳山亥向
戌山辰向
三運：庚山甲向
乾山巽向
四運：丑山未向
酉山卯向
亥山巳向

1	6	8
9	2	4
5	7	3

上元巨門局

坎宮：見峰（風）：零神生正峰，為逢凶化吉，先失後得，利科甲，文貴。才子，桃花。應子，午年，中男位。

見水：為凶，主敗中男，腎病，耳疾，淫蕩，盜賊。

坤宮：見峰（風）：富稱久享，發田產，巨富，利長女，老母，應未，申年。

見水：凶，主腹病，流產，寡婦，精神病。

震宮：見峰（風）：木火通明，必生聰明之士，利科甲，文貴，文藝。

巽宮：見水：先凶後吉。主武貴，財旺；主足病，肝病，車禍。
見峰（風）：水入木宮，鳳池之貴，文學，才子，藝術。
見水：凶，主肝病，風疾，淫蕩，難產，勞碌。
乾宮：見峰（風）：凶。主傷長子，足病，肝病，車禍，頭痛，肺病，短壽。
見水：多出貪圖之輩，貪財，小氣之應。
兌宮：見峰（風）：凶。主傷長女，長婦，膽病，風疾，難產，口舌病，盜賊。
見水：多出貪圖之輩，換妻。
艮宮：見峰（風）：路破沖，主血光，意外，黃腫。
見水：發財。
離宮：見峰（風）：凶。短壽，橫災，頭疾，目不明，血光，車禍。
見水：多出貪圖之輩。

上元祿存局

一運：卯山酉向
辰山戌向
二運：乾山巽向
辰山戌向
三運：酉山卯向
戌山辰向
四運：艮山坤向
庚山甲向
乾山巽向

2	7	9
1	3	5
6	8	4

上元祿存局

坎宮：見峰（風）凶：主人夭折，傷及中子，應子年。

見水凶：主腎病，耳疾，水厄，淫蕩，盜賊。

坤宮：見峰（風）吉：主進財，田產大盛。

見水凶：主腹疾，血光，流產，寡婦，精神病。

震宮：見峰（風）：一三同宮必發科甲，文貴，秀士。

見水凶：犯桃花，賭博，肝病，性病。

巽宮：見峰（風）：出非廉明之官，敗財，傷母。

見水：，主退敗。

乾宮：見峰（風）凶：主傷婦，短壽，橫禍，車禍。

見水：貪財，小氣。

兌宮：見峰（風）：路沖破，主橫禍，血光，黃腫。病重。

見水：聚財發富。

艮宮：見峰（風）凶：傷男童，乏嗣，鼻疾，脊疾，胃病。

見水：主富貴雙全，穩重明口（徹）。

離宮：見峰（風）凶：血光，口舌，損妻，破財。

見水吉：文貴，富貴明達。

上元文曲局

一運：午山子向
丙山壬向
申山寅向

二運：乙山辛向
子山午向
壬山丙向

三運：坤山艮向
未山丑向
巳山亥向

四運：卯山酉向
甲山庚向
巽山乾向
辰山戌向

3	8	1
2	4	6
7	9	5

上元文曲局

坎宮：見峰（風）吉：水火既濟，人丁大旺。

見水凶：水厄，貪財，官非，心痛，眼疾。

坤宮：見峰（風）：主利農業，田產利。

見水凶：傷中男，黃腫，便閉，脾肺疾，水厄。

震宮：見峰（風）：凶吉對半，有財傷婦。

見水凶：母，田宅破敗，官訟，長子忤逆，賭，貪花。

巽宮：見峰（風）吉：利功名，田產興，子貴孫賢，兄友弟恭。
見水凶：長房風聲不正，破敗，官非，肝膽病。
乾宮：見峰（風）：路沖破，宅主大病，季房小口凶災。
見水：發財聚富。
兌宮：見峰（風）凶：肺疾，痰火，鼻痔，殺傷，爭產，敗財，咳嗽，肺胃病。
見水吉：發武貴，進財寶，催孕，重妻妾。
艮宮：見峰（風）凶：失財，妻傷夫，口唇疾，女人災禍。
見水吉：富貴雙全，人財兩旺。
離宮：見峰（風）凶：仲婦口舌，心胃病，目疾，耳聾，暗啞。
見水吉：進田產，少男大吉，生貴子，增福祿，發橫財。

上元武曲局

一運：坤山艮向
未山丑向
丁山癸向
二運：卯山酉向
甲山庚向
癸山丁向
三運：坤山艮向
未山丑向
巳山亥向
四運：乙山辛向
巽山乾向
辰山戌向

7	2	9
2	6	4
3	1	5

上元武曲局

坎宮：見峰（風）吉：發橫財，魚水，酒，丹業興家。

見水凶：水厄，泄瀉，痢症，腎與膀膚病，淫蕩，盜賊。

坤宮：見峰（風）吉：進益田產，土財豐盈。

見水凶：缺子損丁，中女血病，眼疾心痛，女人內亂爭家產。

震宮：見峰（風）吉：丁旺，農田大利。

見水凶：傷少男，兄弟不和，癆疾病發，盜賊，敗財。

巽宮：見峰（風）：吉凶對半，主文貴，藝術。
見水凶：瘋狂，家財產業蕩盡。
乾宮：見峰（風）：路沖破，傷主，血光，小口，橫禍。
見水：發財聚富。
兌宮：見峰（風）凶：傷長婦，長女，人財兩敗，筋骨痛痛，宮非，盜賊。
見水吉：主功名武貴，威武明達。
艮宮：見峰（風）凶：傷少男，兄弟不和，癆疾病發，敗財，盜賊。
見水吉：農業大利，催生男丁。
離宮：見峰（風）凶：傷男，缺子損丁，眼疾心痛，爭財。
見水吉：進益田產，考試大利，土財豐盈。

上元破軍局

一運：壬山丙向
酉山卯向
戌山辰向

二運：坤山艮向
丁山癸向
庚山甲向

三運：乙山辛向
癸山丁向
丑山未向

四運：子山午向
申山寅向
丙山壬向

8	3	1
9	7	5
4	2	6

上元破军局

坎宮：見峰（風）吉：利農園，田產。
見水凶：傷中男，耳疾，黃腫，便閉，虛癆，脾腎受病。
坤宮：見峰（風）吉：利農園，田產。
見水凶：傷中男，耳疾，黃腫，便閉，虛癆，脾腎受病。
震宮：見峰（風）吉：發貴秀女，利文貴，田產進益。
見水凶：火星血光，火傷。

巽宮：見峰（風）平吉：文貴，好藝術，柔順仁慈。
見水凶：少男不利，流産，火盜，宮非，人財兩絕，逃散。
乾宮：見峰（風）凶：骨肉殘損，殺傷盜賊，傷妻剋子，無壽。
見水吉：財産興發，出宮貴。
兑宮：見峰（風）：路沖破，血光，横禍，黄腫。
見水吉：發財，聚富。
艮宮：見峰（風）凶：小房不利，火盜宮非，人財兩散。
見水半吉：發田産，農園財富。
離宮：見峰（風）凶：兄弟不和，目疾，火傷。
見水吉：生子，發女秀，催科甲，田産進益。

上元輔星局

一運：癸山丁向
亥山巳向
辛山乙向

二運：申山寅向
丙山壬向
寅山申向

三運：甲山庚向
壬山丙向
丙山壬向

四運：癸山丁向
丁山癸向
未山丑向

坎宮：見峰（風）吉：發長房，發富，催貴，科甲。
見水凶：水厄災禍，長子游蕩，肚腎受病，腹脹，目眩。

坤宮：見峰（風）吉：財帛豐盈，富貴有餘，出名醫。
見水凶：寡婦，乏嗣，昏迷，癡呆，聾啞，胃疾。

震宮：見峰（風）吉：利長房，發富催貴，文貴科甲。
見水凶：水厄，游蕩，肝腎受病，腹脹，目眩。

9	4	2
1	8	6
5	3	7

上元輔星局

巽宮：見峰（風）吉：發女貴，生貴丁，財帛盈。
見水凶：血光，淫蕩，膽病，絕嗣。
乾宮：見峰（風）凶：頭疾，短壽，傷妻，散財，爭訟。
見水吉：發武貴，進財寶，丁盛，多妻妾。
兌宮：見峰（風）：頭疾，短壽，傷妻，散財，爭訟。
見水吉：發武貴，進財寶，丁盛，多妻妾
艮宮：見峰（風）凶：路沖尖射，血光，橫禍。
見水吉：發財聚富。
離宮：見峰（風）凶：血光，目疾，淫蕩，損丁。
見水吉：生貴子，秀女，財帛豐。

上元弼星局

一運：子山午向
庚山甲向
乾山巽向

二運：未山丑向
丑山未向
酉山卯向

三運：卯山酉向
子山午向
丙山壬向

四運：坤山艮向
子山午向
丙山壬向

1	5	3
2	9	7
6	4	8

上元弼星局

坎宮：見峰（風）吉：文章，科甲，生貴子，富貴旺人丁。
見水凶：水厄，長子不利，腎膽，驚嚇。

坤宮：見峰（風）吉：橫財，富有。
見水凶：傷母，敗財，忤逆，賭博。

震宮：見峰（風）吉：升遷，中獎，偏財。
見水凶：傷母，敗財，官訟，車禍，忤逆，賭博。

巽宮：見峰（風）平吉：文貴科甲，生貴子，秀女。
見水凶：淫蕩，水厄，驚嚇，膽虛。
乾宮：見峰（風）凶：肺病，精神病。
見水吉：進財祿，壽貴。
兌宮：見峰（風）：肺，痰火，傷災，盜賊，口舌。
見水吉：陰人暗助財，得橫財。
艮宮：見峰（風）凶：傷丁，肺病，手鼻病。
見水半吉：發財。
離宮：見峰（風）凶：路尖沖，血光，橫禍，傷災，目疾。
見水吉：發財，聚富。

下元貪狼局

六運：癸山丁向
丁山癸向
丑山未向
七運：庚山甲向
癸山丁向
申山寅向
八運：寅山申向
申山寅向
壬山丙向
九運：丁山癸向
未山丑向
乙山辛向

2	6	4
3	1	8
7	5	9

下元貪狼局

坎宮：見峰（風）：路沖破凶，血光，水厄，橫禍，黃腫。
見水吉：聚財發富。

坤宮：見峰（風）凶：宅母災重，脾胃有傷，破敗，官災火光，盜賊。
見水吉：升遷，橫財。

震宮：見峰（風）凶：敗少，婦女夭亡，小兒難養，出癡聾愚頑之子。
見水吉：長男用事，財帛利，功名利，發長子。

巽宮：見峰（風）凶：田產之非，破敗，官災火光，人命橫害。
見水吉：升遷，偏財。
乾宮：見峰（風）吉：武貴，旺丁。
見水凶：老翁嗽死，長房子孫不利，血光，眼疾，心痛，官非，火盜。
兌宮：見峰（風）吉：富貴雙全，人財兩旺。
見水凶：妻犯夫，失敗財，口唇疾。
艮宮：見峰（風）吉：富貴雙全，人財兩旺。
見水凶：妻犯夫，失敗財，口唇疾。
離宮：見峰（風）吉：田產豐盛。
見水凶：傷老翁及長子，頭痛，骨病，血光，眼疾。

下元巨門局

六運：壬山丙向

寅山申向

午山子向

七運：辛山乙向

未山丑向

丁山癸向

八運：艮山坤向

坤山艮向

癸山丁向

九運：丙山壬向

辰山戌向

申山寅向

3	7	5
4	2	9
8	6	1

下元巨門局

坎宮：見峰（風）凶：水厄，中子風聲損財，腎與大腸受病，下痢，便閉。
見水吉：中子發橫財。

坤宮：見峰（風）：路沖射，血光，寡婦，橫災，病災。
見水吉：聚富發財。

震宮：見峰（風）凶：長房風聲不正，破敗，官非，肝膽病。
見水吉：利功名，田產興，富貴雙全。

巽宮：見峰（風）凶：長房風聲不正，破敗，官非，肝膽病。
見水吉：利功名，田產興，富貴雙全。
乾宮：見峰（風）吉：利財。
見水凶：淫亂，換妻，血病，頭疾。
兌宮：見峰（風）吉：陰人暗助財產，發橫財。
見水凶：血光，傷災，官非，盜賊。
艮宮：見峰（風）吉：旺丁，進益田產。
見水凶：少男聾啞，黃腫，脾胃病。
離宮：見峰（風）吉：進益田產，利山林。
見水凶：先損幼婦，男丁，頭痛，眼疾，心痛。

下元祿存局

六運：子山午向
艮山坤向
丙山壬向

七運：酉山卯向
坤山艮向
午山子向

八運：丑山未向
未山丑向
子山午向

九運：午山子向
巽山乾向
甲山庚向

4	8	6
5	3	1
9	7	2

下元祿存局

坎宮：見峰（風）：少婦仲子口角，風聲損財，肺腎受病，宮訟。
見水吉：生子發財。

坤宮：見峰（風）凶：宅母災愁，妻壓夫，田產之非，脾與大腸病。
見水吉：父母俱慶，財旺子孝，加官進祿。

震宮：見峰（風）路沖破凶：財薄破甲，車禍，肝癌，官司。
見水吉：聚財發福。

巽宮：見峰（風）：剋夫剋子，孤寡零丁。

見水吉：科甲大利，才子，才女，文藝。

乾宮：見峰（風）吉：父母俱慶，財旺子賢。

見水凶：短壽，無財。

兌宮：見峰（風）吉：生子，發財，多妻妾。

見水凶：散財，傷人丁，官非，盜賊。

艮宮：見峰（風）吉：進益田產，少男大利，生貴子，增福祿，利山林。

見水吉：仲婦口舌，心胃病，目盲，耳聾，暗啞。

離宮：與艮同。

下元文曲局

六運：亥山巳向

七運：寅山申向

乾山巽向

戌山辰向

八運：酉山卯向

庚山甲向

丁山癸向

九運：艮山坤向

丑山未向

癸山丁向

5	9	7
6	4	2
1	8	3

下元文曲局

坎宮：見峰（風）凶：水厄，仲子不利，病死，溺水，邪魔，火盜，官非。

見水半吉：利丁。

坤宮：見峰（風）凶：口舌，田產之非，脾肺病。

見水吉：進益田產，旺丁。

震宮：見峰（風）凶：傷長子長孫，氣痛，筋骨，痛痛，自縊，刀傷，人命凶死，火盜官災。

見水吉：發農林，田產之財。

巽宮：見峰（風），路沖破：凶，破財產，折傷，肝癌，膽病，賭搏。

見水吉：發財聚福

乾宮：見峰（風）半吉：主發血財。

見水凶：傷長子，長孫，頭心病，刀傷，人命凶死。

兌宮：見峰（風）吉：利商賈，進田產。

見水凶：口舌，田產之爭，脾肺病。

艮宮：見峰（風）半吉：得田產，農林之財。

見水凶：產厄，縊死，溺水，邪魔，火盜，官災。

離宮：見峰（風）吉：發富，催貴，科甲。

見水凶：殺傷小口，火災，血光，眼疾，心痛，頭痛。

下元武曲局

六運：乾山巽向
乾山巽向
戌山辰向
戌山辰向
七運：艮山坤向
丑山未向
亥山巳向
八運：午山子向
丙山壬向
辛山乙向
九運：子山午向
壬山丙向
寅山申向

5	1	3
4	6	8
9	2	7

下元武曲局

坎宮：見峰（風）凶：傷中男，黃腫，便閉，虛癆，脾腎病。
見水吉：水土，農業之財利。

坤宮：見峰（風）凶：傷老母，脾胃有傷，田宅破敗，忤逆。
見水吉：財帛豐盈，富貴有餘。

震宮：見峰（風）凶：丑名，破敗，官非，枷杖，肝膽病。
見水吉：利功名，田產興，兄友弟恭。

巽宮：見峰（風），路沖破：凶，破財，肝癌，損婦，賭博。

見水吉：發財聚福

乾宮：見峰（風）吉：發武貴，進財寶，重妻妾。

見水凶：肺疾，痰火，殺傷，爭產敗散。

兌宮：見峰（風）吉：進財祿，旺丁貴。

見水凶：殺傷，肺病。

艮宮：見峰（風）吉：進益田產，少男大利，生貴子，利山林，發橫財。

見水凶：口舌，心胃病，目盲，耳聾，暗啞。

離宮：見峰（風）吉：富貴雙全，人丁大旺。

見水凶：損妻，換主，水厄災禍，心痛，眼疾。

下元破軍局

六運：卯山酉向

巳山亥向

未山丑向

七運：巽山乾向

甲山庚向

八運：辰山戌向

亥山巳向

九運：辛山乙向

乾山巽向

6	2	4
5	7	9
1	3	8

下元破軍局

坎宮：見峰（風）凶：水厄，游蕩，肝腎受病，腹脹。
見水吉：利長，發富催貴，科甲大利。

坤宮：見峰（風）凶：宅母災，脾胃有傷，田產之非，官非，破財，盜賊。
見水吉：升遷，中獎。

震宮：見路，破山，沖破凶：賭博敗家，車禍，手腳傷殘，肝癌。
見水吉：發財聚福。

巽宮：見峰（風）凶：傷長婦，長女，官詞，盜賊，筋骨痛痛。
見水吉：發財，農林之財。
乾宮：見峰（風）吉：進財祿，旺丁。
見水凶：殺傷，肺疾。
兌宮：見峰（風）吉：富貴雙全，人財兩旺。
見水凶：損婦，盜賊官非，敗產絕嗣。
艮宮：見峰（風）吉：進益田產。
見水凶：少男聾啞，黃腫，癡呆，脾胃病。
離宮：見峰（風）吉：發富，催貴，科甲，生子。
見水凶：傷小口，血光，眼疾，心痛，頭痛。

下元輔星局

六運：乙山辛向
辰山戌向
申山寅向

七運：巳山亥向
乙山辛向

八運：巳山亥向
戌山辰向

九運：庚山甲向
亥山巳向

7	3	5
6	8	1
2	4	9

下元輔星局

坎宮：見峰（風）凶：水厄，長女不利，腎膽受病，驚怕。

見水吉：文章科甲，富貴旺人丁。

坤宮：見峰（風）路沖破：宅母災，田產之非，聾啞，黃腫，退田，脾胃病。

見水吉：發財聚福。

震宮：見峰（風）凶：傷長子長孫，咳嗽，筋骨痛痛，自縊，刀傷，官非。

見水半吉：財帛利。

巽宮：見峰（風）凶：產病血症，家財產業散盡。
見水半吉：利農業財利。
乾宮：見峰（風）吉：發武貴，旺丁。
見水凶：傷老翁，長子，長孫，血光，眼疾，心痛，心疾，官非。
兌宮：見峰（風）吉：中子發財。
見水凶：子孫忤逆，婦寡，孤小兒，淫亂。
艮宮：見峰（風）吉：富多興旺，二五之年起家業，人賢良。
見水凶：少成多敗，少男忤逆，田產之非，癡呆。
離宮：見峰（風）吉：生子，發秀，科甲，官貴。
見水凶：婦犯夫兄，火星血光，傷災。

下元弼星局

六運：甲山庚向
　　　巽山乾向
　　　坤山艮向
七運：卯山酉向
　　　辰山戌向
八運：巽山乾向
　　　乾山巽向
九運：戌山辰向
　　　酉山卯向

8	4	6
7	9	2
3	5	1

下元弼星局

坎宮：見峰（風），路沖破：凶，水厄，傷中男，損丁，流產，血癌，子宮癌。

見水吉：發財聚福。

坤宮：見峰（風）凶：妻壓夫，田產是非，脾腸病。

見水吉：父母俱慶，財旺子孝，加冠進祿。

震宮：見峰（風）凶：橫禍絕嗣，人口不寧，自縊傷身。

見水半吉：利財帛。

巽宮：見峰（風）凶：小房不利，長婦身亡，火盜官非，人財兩絕，小兒難成。
見水半吉：利藝術，文貴。
乾宮：見峰（風）吉：發財，發貴。
見水凶：難養小口，子孫忤逆。
兌宮：見峰（風）吉：進益田產，利商，旺丁。
見水凶：少婦逆姑，口舌，是非，爭訟，肩肋痛。
艮宮：見峰（風）半吉：進田產。
見水凶：傷少男，兄弟不和，癆疾痛發，火災，盜賊。
離宮：見峰（風）吉：生女，發貴，利科甲。
見水凶：火災，淫蕩，絕嗣，膽病。

雙山水口吉凶表

壬子向

癸水口	吉	長子先發，葬後十二年大發興，丑生人，丁酉人。
壬水口	吉	出人好善，長房富貴，寅午戌年應，此局忌兼亥三分，主落胎夭折之患。
艮水口	吉	主人風流好賭，出人聰明富貴，應內外立兩向，內立癸丑，外力壬子項，不然虧三子。
甲水口	吉	辛水與壬兩水同見發神童，官貴，申子辰年應。
乙水口	吉	乾宮水來救貧黃泉，兌宮水來發科甲，應申子辰年，壬申，壬子人應。
巽水口	吉	出神童，發貴二、三代，應申，子，辰生人富貴。
丙水口	凶	主墮胎，傷人，初年小發，久敗。
丁水口	凶	主傷小口，敗財，絕嗣。
坤水口	凶	主火災，毒藥，損丁財，婦淫欲，口舌，官非不絕。
庚水口	吉	主二、三房富貴，主丁旺長壽。
辛水口	凶	初生富貴，三十年後大敗，疾病，損丁，換妻，毒藥，刀兵，橫禍，吐血，應寅午戌年。
乾水口	凶	主雷傷，少年早亡，寡婦。寅午戌年官非。先敗二房。

癸丑向

水口	吉凶	主應
壬水口	凶	疾病，目傷，腳疾，少亡。
癸水口	吉	主發貴丁，忌立丑向主絕。
艮水口	吉	主發寶貴雙全，亥巳生人應。
甲水口	吉	主先發科，後致富，房份均。
乙水口	凶	主貧困無財，丁乏各占其一。
丙水口	吉	主發公卿大貴，發富久遠，忌兼丑三分為凶。
庚水口	凶	主少亡，充軍，損財，傷災，橫禍不斷。
辛水口	平	主初旺丁無財，平安有壽。
巽水口	吉	主疾病，傷丁，子孫敗絕，申子辰年應。
乾水口	吉	主發科甲，子孫旺，生人善良忠厚。寅午戌年應，三方大利。
坤水口	凶	主退財，傷小口，夭亡，乏嗣，先敗長房。
丁水口	凶	主夭亡敗絕。

艮寅向

壬水口	凶	棍傷，雷打，淫亂，二子橫禍，巳酉丑年損財。
癸水口	吉	主發科甲，忌兼丑三分損三房，主富貴壽高，發小房。
艮水口	凶	主貧窮，奢華，好賭，夭折，墮胎，忌兼丑三分，主敗絕長子。
甲水口	吉	巳酉丑年發科甲，丁貴，寅午戌生人富貴，立向忌兼卯三分，又忌兼寅三四分，主淫聲墜產。
乙水口	凶	主長房，三子皆凶。
丙水口	凶	巳酉丑年傷丁，寅午戌生人犯凶。
丁水口	凶	主損丁，傷男，官訟是非。
巽水口	平	主少亡，申子辰年應，巳酉丑人敗絕。
庚水口	吉	主發武貴，得軍賊資料，壬寅年應。
辛水口	吉	主發科甲，丁旺，橫財，丙寅，戊辰生人應。
乾水口	吉	主發富，後出官員，寅午戌年應。
坤水口	凶	主敗絕。

甲卯向

壬水口	吉	主發富，亥卯未年應。
癸水口	凶	主傷小口，換妻，毒藥，刀兵禍，腳癱，巳年應。
艮水口	凶	主吐血，弱症，損妻，毒藥，兵禍，墮胎，損丁，先傷三房。
甲水口	吉	發貴丁，男登金榜，女入鳳池，巳酉丑進丁貴，亥卯未進財。
乙水口	凶	諸房榮華，長房富，申年進財，寅卯年發貴丁。
巽水口	吉	資財廣進，榮華，奢華，子女賭，三子帶傷疾，二房富盛。
丙水口	吉	初年發官祿，出神童，如水出午，短壽，應三子敗。
丁水口	吉	主大富，科甲，亥卯生人應，發人長壽。
坤水口	吉	主五鬼運財入屋大利，少年科甲，發人長壽。
乾水口	凶	主傷長男，長女，吐血，食藥，三年間災應。
辛水口	凶	主傷小口，敗財。
庚水口	凶	主墮胎，傷丁，有壽無財，小房凶。

乙辰向

壬水口	凶	主病疾，肝，腸之病，戊寅年夫妻，父子各分張。
癸水口	凶	主淫亂，宮火，火災，盜賊，暗疾，巳酉丑年應。
艮水口	凶	主先凶後吉，發女貴，男得貴妻，三房大利。
甲水口	凶	主敗財，癲人，酒亂性，出人呆，申子辰死於官司，女主淫亂。
乙水口	吉	小發財貴。
巽水口	吉	主武貴，得軍賊財，申子辰年發財。
丙水口	吉	主發丁，富貴，申年進財，子辰年祥瑞。
丁水口	凶	主投河，自敗，兒孫孤單，傷妻，剋子。
坤水口	凶	主相爭，敗財，剋妻，傷子，橫災。
庚水口	吉	主發官貴，少年科甲。
乾水口	凶	主敗財，小口難養，夭亡，先敗長房。
辛水口	凶	主夭亡，乏嗣。

巽巳向

壬水口 吉	長子先發，巳酉丑年應。
癸水口 吉	主先文後武，長房發官，巳酉丑年應。
艮水口 吉	主發聰明之女，女貴，男武貴，丁丑生人。
甲水口 吉	主發科甲，女生明香，寶貴久遠。
乙水口 凶	主盜賊，淫亂，剋長子及三子。
巽水口 凶	主貧困，夭折，墮胎。
丙水口 吉	主發聰明之女，文章，巳酉丑年應。
丁水口 半吉	長子平常，次子敗，帶病。
坤水口 凶	主人丁敗散，夭壽，貧苦不利。
庚水口 凶	主損丁，傷婦人，血病，敗財。
辛水口 凶	主傷長子，敗財，巳酉丑年應。
乾水口 凶	主敗絕。

丙午向

壬水口 半凶	主墮胎，傷人口，有壽無財。
癸水口 凶	主傷丁，敗財乏嗣，退財。
艮水口 凶	主敗財，傷災，盜賊災，巳酉丑年應，寅午戌人敗，小兒難養，先敗長房。
甲水口 吉	主發聰明之子，二房寶貴，巳酉丑年應。
乙水口 凶	主腳，肝，目之疾，損丁，換妻，毒藥，刀兵禍，申子辰年應。
巽水口 凶	主傷丁，少亡，官非，口舌，橫災，申子辰年應，先剋二房。
丙水口 吉	主文貴，申子辰年應。
丁水口 吉	主發富貴之秀婦，得橫財，辛巳人應。
坤水口 吉	主長房發富，二房發貴，三房差錯，巳亥未年應。
庚水口 吉	主發富貴，壽高，三十年後敗，出夭折。
辛水口 吉	主長子先發達，次子發官貴，聰明俊秀，寅午戌年應。
乾水口 吉	主富貴重重，申子巳午年發科，辰戌年發丁，丙午，丙戌生人發富祿重。

丁未向

壬水口	吉	主發貴，丁旺，水犯亥子即大凶。
癸水口	凶	主夭亡，敗絕。
艮水口	凶	主退財，小兒難養，男女夭亡，乏嗣，先敗長房。
甲水口	凶	主傷丁，孤寡，啞癡，耳聾，逃亡。
乙水口	半吉	主初年發財丁，久後壽短絕嗣。
巽水口	吉	主女生秀氣，發長三房，富貴長壽。
丙水口	凶	主忤逆，短壽，換妻，夭亡，貧窮，好鬥，橫暴。
丁水口	吉	主發賢良之士，長壽，旺丁。
坤水口	吉	主發巨富，橫財，亥卯未年應。
庚水口	吉	主發科甲，橫財，秀，丁，貴，亥卯未年應。
辛水口	凶	貧困，丁財不發。
乾水口	凶	主傷丁，寅午戌年應，敗長子長女。

坤申向

水口	吉凶	應驗
壬水口	凶	主敗財，淫亂，傷丁。
癸水口	凶	主退財，傷丁，長房絕，三，四子受孤寒。
甲水口	吉	主發富，得橫財，犯桃花。
乙水口	吉	主文章顯貴，長房發富，三房發聰明科甲，二房平平。申子辰年應。
巽水口	吉	主發科甲，文秀，申子辰年應。
丙水口	吉	主發富貴，聰明之上，壽高安樂，申子辰年應。
丁水口	吉	主發科甲，官貴，申子辰年應，先發小房。
坤水口	吉	主富貴，生聰明之子，申子年應。
庚水口	吉	主富貴，壽高，長三房應，申子辰年應。
辛水口	凶	長房，三房，傷丁，剋妻。
乾水口	凶	主少亡，傷丁，換妻，長子先應，寅午戌年應。

庚酉向

壬水口	吉	主旺丁，發財，長二房興。
癸水口	吉	主大富，發科財，出官貴，巳酉丑年應。
艮水口	吉	主白屋出公卿，出貴，巳酉丑年應。
甲水口	凶	主墮胎傷丁，初年小利，久後敗絕。
乙水口	凶	主傷小口，退財，絕丁。
巽水口	凶	主男孤，女寡，傷丁，敗財，先敗長男。
丙水口	吉	主富貴，壽高。
丁水口	凶	主傷丁，短命，申子辰年應，剋婦。
坤水口	凶	主傷丁，官非，口舌，亥卯未年應。先剋二房。
庚水口	吉	主發富，得妻財。
辛水口	吉	主富貴科甲不斷。壽高，丁旺，女秀。
乾水口	吉	發巨富，壽高，壬申，癸酉人應。

辛戌向

壬水口	吉	主發富貴榮華，福壽長，發丁聰明。
癸水口	凶	傷丁，退財。
艮水口	凶	主疾病，傷丁，換妻，巳酉丑年應。
甲水口	吉	主財豐，壽高，偏房生子。
乙水口	凶	主夭亡財絕，貧困。
巽水口	凶	主退財，小兒難養，乏嗣，先敗長房。
丙水口	凶	主三房流徙，孤亡，二房疾病纏身。
丁水口	凶	絕丁，傷人命，官非，口舌不寧，巳酉丑年傷寅午戌生人。
坤水口	吉	主財豐，丁旺，長房富，幼房出秀女貴賢。亥卯未年應。
庚水口	凶	破財，損丁。巳酉丑寅午戌年應。
辛水口	吉	主發文章之士，丙寅，戊寅生人福重。
乾水口	吉	主發武貴權重，長房發財，二房發貴丁，丙寅，戊寅人福重，寅午戌年應。

乾亥向

壬水口 吉	主橫財，巨富，寅午戌，亥卯未年應。
癸水口 半吉	主有財無壽，有丁無財，各得其半。
艮水口 凶	主忤逆，官非，傷丁，巳酉丑年應。
甲水口 凶	主傷丁，官非，敗財，長男長命凶。
乙水口 凶	主少亡，癲狂，申子辰年應。
巽水口 凶	初年平平，久後敗絕。
丙水口 吉	主發武職富貴榮華，二房先發，亥卯未年應。
丁水口 吉	主發科甲大富，亥卯未生人應。
坤水口 吉	主發富貴，主財橫財。
庚水口 吉	主發秀賢之士，長子先發，二房功名顯。
辛水口 吉	主武貴，得發橫財。
乾水口 吉	主科第，福壽綿長，寅午戌年應。

第四章　玄命擇吉

擇吉術源遠流長，體系龐雜，門派繁多，各述其是。擇吉術是中國易學文化的一個重要組成部分，它是容納了八卦、風水學、四柱學、六壬、奇門等眾多理論的一門綜合術，其核心是天地人三才之道，根據天地人信息場，選擇出天時、住宅、人體融會貫通的最佳日課，（玄命風水）自然有自家的擇吉理論體系，它內容完整詳細，簡單實用，針對性強，充分體現了風水理論與實踐的完美結合，是風水擇吉的精品之一。

第一節　取吉課精要

地理風水，分巒頭形理、理氣水法元運、天時擇日三種，以年月日時最為要緊，古師蔣公曰：初年禍福天時驗，日久方知地有權，楊師有造命篇，一般陽宅日課的作用為九年，過此後由元運管，陰宅日課二十年，過此後由元運管，所以風水中取課最為重要。本門擇日分兩部分（一）以四柱八字論格局（二）以取六壬課配取類象應期。

（一）取課的喜與忌運用。

（1）太歲沖坐山，此為坐山反太歲，為戴孝在山，主夫妻分離，父子不合，兄弟紛爭，損耗財產之應。

午年沖壬子山　戌年沖乙辰山　寅年沖坤申山
未年沖艮寅山　亥年沖巽巳山　卯年沖庚酉山
申年沖艮寅山　子年沖丙午山　辰年沖辛戌
酉年沖甲卯山　丑山沖丁未山　巳年沖乾亥山

以上為流年沖二十四山，修方同忌。

（2）月令沖坐山，為小兒煞，犯之時對小孩不利，易有口舌是非、流產之應。修方同忌。

（3）流年三煞方主：破財、傷災、官非（疾病）之應，坐山與修方當忌不宜用，一般取課三煞如單獨可用，因三煞方稱太歲無氣之地，最怕三煞遇流年五黃，三煞遇流月五黃，三煞遇歲破，三煞遇月破，此四者最凶，犯之速應。

三煞的推算方法：

按四大長生局的絕、胎、養三方為三煞之地。申子辰流年水局：絕巽巳，胎丙午，養丁未此六方為三煞之地，當年立山，修方當忌。巳酉丑流年金局：絕艮寅，胎甲卯，養乙辰

寅午戌流年火局：絕乾亥、胎壬子、養癸丑。亥卯未流年木局：絕坤申，胎庚酉，養辛戌

（4）月三煞方，單用不忌，忌月三煞遇歲破，忌月三煞遇年五黃，忌月三煞遇月破，忌月三煞遇月五黃，犯之既有疾病，失盜之應。月三煞推算餘年相同。

（5）流年白虎方坐山與修方忌用。主損剋妻財，傷災。太歲的前九位為白虎方：子年坤申方，巳年癸丑方，戌年并無妨，丑年庚酉方，午年艮寅方，亥年丁未方，寅年辛戌方，未年甲卯方，酉年巽巳方白虎在山在方忌犯動，卯年乾亥方，申年乙辰方，申年壬子方。

（6）流年紫白五黃臨方忌修動，主病災橫禍。

（7）日課日支忌沖剋宅主（福主）年命。主福不應，禍即來。取課忌用。

以上七條是本門取課忌用的，如遇一者即不吉，二者以上即大凶。陽宅，建造，入宅，安香火應以坐山為主擇日，安床，安灶，安門，開井，修畜欄，開水口此幾類屬修方

應當看方位為主。陰宅，下葬，重修，立碑，全以坐山為主用。

（二）柱論格局

地支六沖喜忌

年沖月主散祖業，離鄉之象。

年沖日主父子不和，易有傷災之應。

年沖時主剋丁，子孫忤逆之應。

月沖日主剋妻，離婚，損財之應。

月沖時主剋少丁，犯傷災，是非之應。

日沖時主夫妻不和之應。

以上地支六沖在取課時應當避開不用。

子午相沖，夫妻不和，兄弟相爭，錢財離散。

寅申沖卯酉沖，行剋傷災，夫妻陰陽分離。

巳亥沖，成敗多反覆。

丑未沖，兄弟分爭，毆打，是非。

辰戌沖，天羅地網，官非，疾病之應。

三刑之喜忌：巳申寅三刑，子卯酉三刑。

卯子午三刑：丑戌辰三刑，戌未丑三刑，未丑辰三刑。

擇課中四柱見以上三字全即成刑格，犯刑通常上下不利，剛柔不順，刑傷太重，災禍相侵，陽刑剋男，陰刑剋女。

如課：

年：巳✕此種課為貼身	如課：年巳寅此種課為間隔之刑用課
月：申子帶刑用之即犯	月中✕後沖去相隔之字即成刑
日：寅卯凶	日✕巳
時：✕酉	時寅申

擇日用的三刑有別於算命八字，算命中有兩字相刑，但日課不用的，應當以上三字為準。

空亡的喜忌：擇課用日柱輪空亡，看坐山方位是否落空：如入空亡風水不利，子孫處事處於進退兩難之地，應當避之。

甲子旬：辛戌、乾亥山空。凡是坐山與修方入空都吉不吉應，凶不得凶應。上下兩難。

甲寅旬：壬子、癸丑山空。

甲辰旬：艮寅、甲卯山空。

甲午旬：乙辰、巽巳山空。

甲申旬：丙午、丁未山空。

甲戌旬：坤申、庚酉山空。

擇課忌用四絕之日：二十四節氣前一天為四絕之日，取課忌用。因二十四節氣都是月份與月份，前後陰陽分離点，氣不清取課忌用。（此取課與八字有別）

年太陽的喜忌：太歲前一位是當年太陽方，此方修方與立坐山皆吉，太陽正值吉星，可催丁、催貴、用之大利。

子年癸丑太陽　巳年丙午太陽　戌年乾亥太陽

丑年艮寅太陽　午年丁未太陽　亥年壬子太陽
寅年甲卯太陽　未年坤申太陽
卯年乙辰太陽　申年庚酉太陽
辰年巽巳太陽　酉年辛戌太陽　用此可得吉

月將臨坐山的喜忌：

月將即當月太陽到的方位，月將到山可催財、催貴、最應驗，用之皆吉。

子月癸丑山　辰月庚酉山　申月巽巳山
丑月壬子山　巳月坤申山　酉月乙辰山
寅月乾亥山　午月丁未山　戌月甲卯山
卯月辛戌山　未月丙午山　亥月辰寅山　以上用於立坐山，修方皆得福

流年旺山家，坐山方位當旺，修之得福速，此太歲與坐山成三合者即是

子年：坤申，乙辰山　午年：艮寅，辛戌山
丑年：巽巳，庚酉山　未年：乾亥，甲卯山
寅年：丙午，辛戌山　申年：壬子，乙辰山

卯年：乾亥，丁未山　酉年：巽巳，癸丑山

辰年：壬子，坤申山　戌年：艮寅，丙午山

巳年：庚酉，癸丑山　亥年：甲卯，丁未山

以上坐山方位皆得太歲扶臨當旺

流月旺山家，坐山方位得月令扶。修之得福速，流月令的三合山家即是。（用法與年相同）

第二節　六道輪迴掌擇吉

正月從地開始，順排月份後一位起初意，順數到用事日，日後一位起子時，順數到用時上止（不安節氣論月），天道主男人權力陽半吉，地道主女人田地陰半吉，日佔40%；佛道主財祿，大吉，時佔60%；畜道主空亡傷災，大凶；鬼道主小人是非，病，大凶，按農曆計；人道主貴人喜慶，大吉。

例：擬三月二十七日午時用事：

三月佛的下一位畜道起初一（二十五仍在此），二十七臨天道（半吉），天道後一位地道起子時，午時到地，日陽天時地陰相配吉利，陰陽相合，用於合婚大吉大利。反動土，安門，上樑，行碼（第一塊磚）婚嫁，上任等小為均可用，但搬家，立碑下葬則須用兩道日課擇吉法選之。

六道掌用時最好是人配佛，利財出貴大吉。

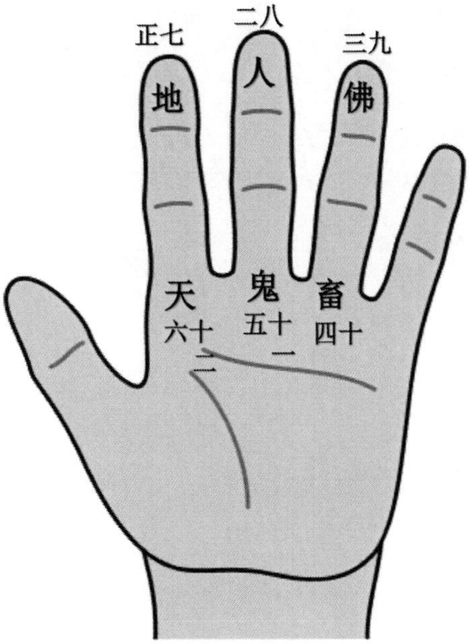

玄命日課譜（兩遁）

壬子山

第一課：旺財，旺丁，利外遷
日干支：甲辰，甲午，甲申，甲戌
月份：三月申時，四月未時，五月午時，六月巳時，七月辰時，八月卯時。
利：巳酉丑人；忌午未人，應期：子寅年月
第二課：利婚姻，發文昌，女貴
日干支：甲寅，甲午，甲戌
月份：二月申時，三月未時，四月午時，五月巳時，六月辰時，七月卯時
利：亥卯未人；忌申巳人；應期：寅年月
第三課：旺財
日干支：乙丑，乙酉，乙亥
月份：二月申時，三月未時，四月午時，五月巳時，六月辰時，七月卯時
利：巳酉丑人，忌未申人，應期：子年月

第四課：旺財，發丁
日干支：乙丑，乙巳，乙未，乙酉
月份：七月申時，八月未時，九月午時，十月巳時，十一月辰時，十二月卯時
利：巳酉丑人，忌未卯人，應期：巳年月
第五課：利外遷，發女貴，得外財
日干支：丙子，丙寅，丙戌
月份：二月申時，三月未時，四月午時，五月巳時，六月辰時，七月卯時
利：巳酉丑人，忌亥人，應期：申年月
第六課：利婚姻，子孫榮華，發文昌
日干支：戊子，戊寅，戊戌
月份：二月申時，三月未時，四月午時，五月巳時，六月辰時，七月卯時
利：亥卯未人，忌申人，應期：寅年月
第七課：利丁，發貴
日干支：乙丑，乙巳，乙酉，乙亥
月份：七月申時，八月未時，九月午時，十月巳時，十一月辰時，十二月卯時

利：巳酉丑人，忌卯人，應期：巳年月

第八課：利財，旺官貴

日干支：庚子，庚寅，庚辰，庚戌

月份：三月申時，四月未時，五月午時，六月巳時，七月辰時，八月卯時。

利：巳酉丑人，忌未人，應期：子年月

第九課：利婚姻

日干支：庚子，庚寅，庚辰

月份：二月申時，三月未時，四月午時，五月巳時，六月辰時，七月卯時

利：亥卯未人，忌巳申人，應期：寅年月

第十課：旺財，利婚姻

日干支：辛丑，辛卯，辛巳

月份：正月申時，二月未時，三月午時，四月巳時，五月辰時，六月卯時

利：亥卯未人，忌辰，酉人，應期：戌年月

第十一課：利婚姻，旺丁，發文昌

日干支：壬寅，壬辰，壬午

月份：五月申時，六月未時，七月午時，八月巳時，九月辰時，十月卯時
利：亥卯未人，忌申巳人，應期：寅年月
第十二課：旺丁，女貴，利婚姻
日干支：癸卯，癸未
月份：五月申時，六月未時，七月午時，八月巳時，九月辰時，十月卯時
利：亥卯未人，忌巳申人，應期：寅年月

癸丑山

第一課：旺丁，利田產
日干支：乙巳，乙酉，乙亥
月份：正月申時，二月未時，三月午時，四月巳時，五月辰時，六月卯時
利：申子辰人，忌亥戌人，應期：酉年月
第二課：旺丁，利農產
日干支：丙子，丙寅，丙午
月份：十二月申時，正月未時，二月午時，三月巳時，四月辰時，五月卯時

利：寅午戌人，忌子亥人，應期：未年月

第三課：利財，旺丁

日干支：己丑，己卯，己巳，巳酉

月份：五月申時，六月未時，七月午時，八月巳時，九月辰時，十月卯時

利：申子辰，忌亥午人，應期：丑年月

第四課：利丁，田產

日干支：庚辰，庚午，庚戌

月份：十一月申時，十二月未時，正月午時，二月巳時，三月辰時，四月卯時

利：寅午戌人，忌子人，應期：未年月

第五課：利外遷，旺財，旺丁

日干支：壬子，壬辰，壬午，壬申

月份：十二月申時，正月未時，二月午時，三月巳時，四月辰時，五月卯時

利：申子辰，忌戌人，應期：酉年月

第六課：利丁，官貴，文昌

日干支：辛丑，辛巳，辛未，辛亥

月份：十一月申時，十二月未時，正月午時，二月巳時，三月辰時，四月卯時
利：寅午戌人，忌申人，應期：未戌年月
第十一課：利婚姻，利官貴，旺丁
日干支：癸丑，癸巳，癸酉
月份：八月申時，九月未時，十月午時，十一月巳時，十二月辰時，正月卯時
利：申子辰人，忌戌人，應期：巳酉年月

艮寅山

第一課：利財，得陰人內助
日干支：甲子，甲申，甲戌
月份：六月申時，七月未時，八月午時，九月巳時，十月辰時，十一月卯時
利：巳酉丑人，忌卯人，應期：申年月
第二課：旺丁，發文昌
日干支：甲子，甲寅，甲申，甲戌
月份：三月申時，四月未時，五月午時，六月巳時，七月辰時，八月卯時。

利：亥卯未人，忌酉人，應期：戌年月

第三課：利財

日干支：乙卯，乙未，乙亥

月份：七月申時，八月未時，九月午時，十月巳時，十一月辰時，十二月卯時

利：亥卯未人，忌子人，應期：寅戌年月

第四課：旺丁，利文貴

日干支：丁丑，丁巳，丁亥

月份：七月申時，八月未時，九月午時，十月巳時，十一月辰時，十二月卯時

利：亥卯未人，忌巳人，應期：未寅年月

第五課：利財

日干支：戊子，戊寅，戊辰

月份：六月申時，七月未時，八月午時，九月巳時，十月辰時，十一月卯時

利：巳酉丑人，忌亥人，應期：申年月

第六課：旺丁，利文貴

日干支：己卯，己巳，己未，己亥

月份：三月申時，四月未時，五月午時，六月巳時，七月辰時，八月卯時。
利：亥卯未人，忌酉人，應期：戌年月
第七課：旺財
日干支：己卯，己未，己亥
月份：七月申時，八月未時，九月午時，十月巳時，十一月辰時，十二月卯時
利：亥卯未人，忌巳人，應期：寅戌年月
第八課：利財，發女貴秀
日干支：庚寅，庚辰，庚午，
月份：六月申時，七月未時，八月午時，九月巳時，十月辰時，十一月卯時
利：巳酉丑人，忌亥人，應期：申年月
第九課：旺財，發女貴秀
日干支：辛卯，辛巳，辛未，辛酉
月份：正月申時，二月未時，三月午時，四月巳時，五月辰時，六月卯時
利：巳酉丑人，忌亥人，應期：申年月
第十課：旺丁，發文貴

日干支：壬寅，壬辰，壬午，壬戌
月份：七月申時，八月未時，九月午時，十月巳時，十一月辰時，十二月卯時
利：亥卯未人，忌巳人，應期：未年月
第十一課：旺丁，發文昌，利外遷
日干支：癸卯，癸巳，癸未，癸亥
月份：七月申時，八月未時，九月午時，十月巳時，十一月辰時，十二月卯時
利：亥卯未人，忌巳人，應期：未年月

甲卯山

第一課：利文昌，外遷
日干支：甲子，甲寅，甲申，甲戌
月份：五月申時，六月未時，七月午時，八月巳時，九月辰時，十月卯時
利：寅，午，戌人，忌申人，應期：亥年月
第二課：利財
日干支：甲寅，甲辰，甲午，甲戌

月份：八月申時，九月未時，十月午時，十一月巳時，十二月辰時
利：寅午戌人，忌子人，應期：未年月
第三課：利外遷，得女貴
日干支：丙寅，丙辰，丙午，丙申
月份：正月申時，二月未時，三月午時，四月巳時，五月辰時，六月卯時
利：寅午戌人，忌子人，應期：未年月
第四課：利財，利官貴
日干支：丁丑，丁卯，丁巳，丁亥
月份：五月申時，六月未時，七月午時，八月巳時，九月辰時，十月卯時
利：寅午戌人，忌申人，應期：亥年月
第五課：利文昌，旺官貴
日干支：戊寅，戊辰，戊午，戊戌
月份：二月申時，三月未時，四月午時，五月巳時，六月辰時，七月卯時
利：寅午戌人，忌子人，應期：未年月
第六課：旺財

日干支：戊寅，戊辰，戊午，戊戌
月份：八月申時，九月未時，十月午時，十一月巳時，十二月辰時，正月卯時
利：寅午戌人，忌子人，應期：未年月
第七課：利文昌，文貴
日干支：己卯，己未，己巳，己亥
月份：正月申時，二月未時，三月午時，四月巳時，五月辰時，六月卯時
利：寅午戌人，忌子人，應期：未年月
第八課：旺丁，發外遷
日干支：庚子，庚辰，庚午
月份：五月申時，六月未時，七月午時，八月巳時，九月辰時，十月卯時
利：寅午戌人，忌申人，應期：亥年月
第九課：利財
日干支：庚辰，庚午，庚申
月份：八月申時，九月未時，十月午時，十一月巳時，十二月辰時，正月卯時
利：亥卯未人，忌巳人，應期：寅年月

第十課：利文貴，發文昌科甲
日干支：癸卯，癸未，癸亥
月份：二月申時，三月未時，四月午時，五月巳時，六月辰時，七月卯時
利：寅午戌人，忌子人，應期：未年月
第十一課：利財
日干支：癸卯，癸未，癸亥
月份：八月申時，九月未時，十月午時，十一月巳時，十二月辰時，正月卯時
利：寅午戌人，忌子人，應期：未年月

乙辰山

第一課：利財，利官貴
日干支：甲子，甲寅，甲申，甲戌
月份：十二月申時，正月未時，二月午時，三月巳時，四月辰時，五月卯時
利：亥卯未人，忌酉人，應期：戌年月
第二課：旺丁，利文昌。

日干支：乙丑、乙巳、乙酉、乙亥。
月份：七月申時，八月未時，九月午時，十月巳時，十一月辰時，十二月卯時。
利：巳酉丑人，忌戌人，應期：子年月。
第三課：催財，利婚姻，發女貴。
日干支：乙亥、乙巳、乙酉。
月份：十一月申時，十二月未時，正月午時，二月巳時，三月辰時，四月卯時。
利：巳酉丑人，忌卯人，應期：辰酉年月。
第四課：旺丁，利文貴。
日干支：丙子、丙寅、丙辰、丙戌。
月份：三月申時，四月未時，五月午時，六月巳時，七月辰時，八月卯時。
利：巳酉丑人，忌申人，應期：亥年月。
第五課：旺財，發女貴。
日干支：丙寅、丙辰、丙午、丙戌。
月份：十一月申時，十二月未時，正月午時，二月巳時，三月辰時，四月卯時。
利：巳酉丑人，忌申人，應期：辰亥年月。

第六課：利文貴。
日干支：丁丑、丁卯、丁巳。
月份：三月申時，四月未時，五月午時，六月巳時，七月辰時，八月卯時。
利：巳酉丑人，忌申人，應期：巳年月。
第七課：利文貴，旺丁。
日干支：戊子、戊寅、戊辰、戊午。
月份：三月申時，四月未時，五月午時，六月巳時，七月辰時，八月卯時。
利：巳酉丑人，忌亥人，應期：申年月。
第八課：利財，利外遷。
日干支：戊子、戊辰、戊午。
月份：十二月申時，正月未時，二月午時，三月巳時，四月辰時，五月卯時。
利：巳酉丑人，忌亥人，應期：申年月。
第九課：旺財，發文貴。
日干支：庚寅、庚辰、庚午、庚申。
月份：三月申時，四月未時，五月午時，六月巳時，七月辰時，八月卯時。

利：巳酉丑人，忌亥人，應期：申年月。

第十課：旺丁，發文貴。

日干支：壬辰、壬午、壬申、壬戌。

月份：二月申時，三月未時，四月午時，五月巳時，六月辰時，七月卯時。

利：巳酉丑人，忌亥人，應期：申年月。

第十一課：旺丁，田產大利。

日干支：癸丑、癸巳、癸酉。

月份：七月申時，八月未時，九月午時，十月巳時，十一月辰時，十二月卯時。

利：巳酉丑人，忌未人，應期：酉子年月。

巽巳山

第一課：旺田產，利外遷。

日干支：甲寅、甲辰、甲戌。

月份：三月申時，四月未時，五月午時，六月巳時，七月辰時，八月卯時。

利：寅午戌人，忌子人，應期：未年月。

第二課：利財，利官貴。
日干支：丙子、丙寅、丙辰、丙戌。
月份：七月申時，八月未時，九月午時，十月巳時，十一月辰時，十二月卯時。
利：寅午戌人，忌申人，應期：亥午年月。
第三課：旺官貴，利文昌。
日干支：乙丑、乙卯、乙巳。
月份：三月申時，四月未時，五月午時，六月巳時，七月辰時，八月卯時。
利：寅午戌人，忌子人，應期：未年月。
第四課：利財，利文昌。
日干支：丁丑、丁卯、丁巳、丁亥。
月份：七月申時，八月未時，九月午時，十月巳時，十一月辰時，十二月卯時。
利：寅午戌人，忌申人，應期：亥午年月。
第五課：旺丁，旺田產。
日干支：戊子、戊寅、戊辰、戊申。
月份：八月申時，九月未時，十月午時，十一月巳時，十二月辰時，正月卯時。

利：申子辰人，忌戌人，應期：酉年月。

第六課：旺丁，發文貴。

日干支：己卯、己巳、己未。

月份：三月申時，四月未時，五月午時，六月巳時，七月辰時，八月卯時。

利：寅午戌人，忌子人，應期：戌未年月。

第七課：利財，旺丁。

日干支：庚寅、庚辰、庚午。

月份：七月申時，八月未時，九月午時，十月巳時，十一月辰時，十二月卯時。

利：寅午戌人，忌申人，應期：亥年月。

第八課：利財，利文昌。

日干支：壬辰、壬午、壬戌。

月份：七月申時，八月未時，九月午時，十月巳時，十一月辰時，十二月卯時。

利：寅午戌人，忌申人，應期：亥酉年月。

第九課：財旺，利文貴。

日干支：癸巳、癸未、癸酉。

月份：七月申時，八月未時，九月午時，十月巳時，十一月辰時，十二月卯時。
利：寅午戌人，忌申人，應期：亥酉年月。

丙午山

第一課：利財，利婚姻。
日干支：乙卯、乙未、乙亥。
月份：七月申時，八月未時，九月午時，十月巳時，十一月辰時，十二月卯時。
利：亥卯未人，忌酉人，應期：戌寅年月。
第二課：利財，利官貴。
日干支：丙寅、丙辰、丙午。
月份：五月申時，六月未時，七月午時，八月巳時，九月辰時，十月卯時。
利：巳酉丑人，忌亥人，應期：申年月。
第三課：旺丁，利文貴。
日干支：丁卯、丁巳、丁未、丁酉。
月份：三月申時，四月未時，五月午時，六月巳時，七月辰時，八月卯時。

利：亥卯未人，忌丑人，應期：午年月。

第四課：旺丁，利官貴。

日干支：戊寅、戊辰、戊午、戊戌。

月份：七月申時，八月未時，九月午時，十月巳時，十一月辰時，十二月卯時。

利：亥卯未人，忌酉人，應期：戌年月。

第五課：利財，婚姻。

日干支：己卯、己未、己亥。

月份：七月申時，八月未時，九月午時，十月巳時，十一月辰時，十二月卯時。

利：亥卯未人，忌酉人，應期：寅戌年月。

第六課：旺丁，利外遷。

日干支：己卯、己巳、己未、己酉。

月份：五月申時，六月未時，七月午時，八月巳時，九月辰時，十月卯時。

利：巳酉丑人，忌亥人，應期：寅申年月。

第七課：利外遷，利文貴。

日干支：己卯、己未、己酉、己亥。

月份：三月申時，四月未時，五月午時，六月巳時，七月辰時，八月卯時。

利：亥卯未人，忌丑人，應期：寅午年月。

第八課：利文貴。

日干支：庚辰、庚午、庚申。

月份：七月申時，八月未時，九月午時，十月巳時，十一月辰時，十二月卯時。

利：亥卯未人，忌酉人，應期：戌年月。

第九課：利財，利文昌。

日干支：辛丑、辛巳、辛未。

月份：七月申時，八月未時，九月午時，十月巳時，十一月辰時，十二月卯時。

利：亥卯未人，忌酉人，應期：戌年月。

第十課：利文貴，利婚姻。

日干支：壬寅、壬午、壬戌。

月份：八月申時，九月未時，十月午時，十一月巳時，十二月辰時，正月卯時。

利：亥卯未人，忌巳人，應期：寅戌年月。

第十一課：利財，利官貴。

日干支：壬寅、壬午、壬戌。
月份：三月申時，四月未時，五月午時，六月巳時，七月辰時，八月卯時。
利：亥卯未人，忌丑人，應期：午卯年月。
第十二課：利婚姻，利文貴。
日干支：癸卯、癸未、癸亥。
月份：八月申時，九月未時，十月午時，十一月巳時，十二月辰時，正月卯時。
利：亥卯未人，忌巳人，應期：寅戌年月。
第十三課：利財。
日干支：癸卯、癸未、癸亥。
月份：三月申時，四月未時，五月午時，六月巳時，七月辰時，八月卯時。
利：亥卯未人，忌丑人，應期：卯午年月。

丁未山

第一課：旺丁，利外遷。
日干支：甲寅、甲午、甲戌。

月份：五月申時，六月未時，七月午時，八月巳時，九月辰時，十月卯時。
利：寅午戌人，忌辰人，應期：寅未年月。
第二課：旺丁，利財。
日干支：甲子、甲辰、甲午。
月份：三月申時，四月未時，五月午時，六月巳時，七月辰時，八月卯時。
利：申子辰人，忌寅人，應期：巳年月。
第三課：利財、利婚姻。
日干支：乙卯、乙巳、乙未。
月份：六月申時，七月未時，八月午時，九月巳時，十月辰時，十一月卯時。
利：申子辰人，忌亥人，應期：巳年月。
第四課：利財、旺丁。
日干支：乙卯、乙巳、乙未。
月份：五月申時，六月未時，七月午時，八月巳時，九月辰時，十月卯時。
利：寅午戌人，忌子人，應期：未年月。
第五課：利婚姻、旺丁。

日干支：丙寅、丙辰、丙午，丙申。
月份：五月申時，六月未時，七月午時，八月巳時，九月辰時，十月卯時。
利：寅午戌人，忌丑人，應期：未年月。
第六課：旺田產、利婚姻。
日干支：丁卯、丁巳、丁未、丁酉。
月份：五月申時，六月未時，七月午時，八月巳時，九月辰時，十月卯時。
利：寅午戌人，忌子人，應期：未年月。
第七課：旺丁，利文昌。
日干支：戊寅、戊午、戊申、戊戌。
月份：五月申時，六月未時，七月午時，八月巳時，九月辰時，十月卯時。
利：寅午戌人，忌辰人，應期：寅未年月。
第八課：旺丁，利財。
日干支：己巳、己未、己酉。
月份：七月申時，八月未時，九月午時，十月巳時，十一月辰時，十二月卯時。
利：申子辰人，忌寅人，應期：子酉年月。

第九課：利財、利婚姻。
日干支：己巳、己未、己酉。
月份：六月申時，七月未時，八月午時，九月巳時，十月辰時，十一月卯時。
利：申子辰人，忌亥人，應期：巳年月。
第十課：旺財、利丁貴。
日干支：己巳、己未、己酉，己亥。
月份：五月申時，六月未時，七月午時，八月巳時，九月辰時，十月卯時。
利：寅午戌人，忌子人，應期：未年月。
第十一課：旺財、旺丁貴。
日干支：己未、己酉，己亥。
月份：正月申時，二月未時，三月午時，四月巳時，五月辰時，六月卯時。
利：寅午戌人，忌辰人，應期：卯年月。
第十二課：利文昌，利外遷。
日干支：辛未、辛酉，辛亥。
月份：三月申時，四月未時，五月午時，六月巳時，七月辰時，八月卯時。

利：申子辰人，忌寅人，應期：巳年月。

第十三課：旺丁、利婚姻。

日干支：壬子、壬午、壬申、壬戌。

月份：七月申時，八月未時，九月午時，十月巳時，十一月辰時，十二月卯時。

利：申子辰人，忌卯人，應期：酉年月。

第十四課：利財、旺丁。

日干支：壬寅、壬申、壬戌。

月份：五月申時，六月未時，七月午時，八月巳時，九月辰時，十月卯時。

利：申子辰人，忌戌人，應期：酉年月。

第十五課：利財、旺丁。

日干支：癸卯、癸未、癸酉、癸亥。

月份：五月申時，六月未時，七月午時，八月巳時，九月辰時，十月卯時。

利：寅午戌人，忌卯子人，應期：未年月。

第十六課：利財、旺丁。

日干支：癸卯、癸未、癸酉、癸亥。

月份：三月申時，四月未時，五月午時，六月巳時，七月辰時，八月卯時。
利：申子辰人，忌卯人，應期：巳年月。

坤申山

第一課：利財、利外遷。
日干支：甲辰、甲午、甲申。
月份：正月申時，二月未時，三月午時，四月巳時，五月辰時，六月卯時。
利：亥卯未人，忌巳人，應期：寅年月。
第二課：利財、利官貴、利婚姻。
日干支：丙午，丙申，丙戌。
月份：十一月申時，十二月未時，正月午時，二月巳時，三月辰時，四月卯時。
利：巳酉丑人，忌未人，應期：子年月。
第三課：利財、旺丁、利婚姻。
日干支：丁卯、丁酉、丁亥。
月份：十一月申時，十二月未時，正月午時，二月巳時，三月辰時，四月卯時。

利：巳酉丑人，忌未人，應期：子辰年月。
第四課：利丁、利婚姻。
日干支：戊子、戊辰、戊午、戊申、戊戌。
月份：七月申時，八月未時，九月午時，十月巳時，十一月辰時，十二月卯時。
利：巳酉丑人，忌亥人，應期：申年月。
第五課：利官貴，利外遷。
日干支：己丑、己巳、己未、己酉，己亥。
月份：三月申時，四月未時，五月午時，六月巳時，七月辰時，八月卯時。
利：巳酉丑人，忌卯人，應期：辰年月。
第六課：利文貴，利婚姻。
日干支：辛丑、辛未、辛酉，辛亥。
月份：八月申時，九月未時，十月午時，十一月巳時，十二月辰時，正月卯時。
利：申子辰人，忌卯人，應期：辰年月。
第七課：利財、利婚姻。
日干支：壬子、壬辰、壬申。

月份：十一月申時，十二月未時，正月午時，二月巳時，三月辰時，四月卯時。
利：巳酉丑人，忌未人，應期：子辰年月。
第八課：利財、旺丁、利婚姻。
日干支：癸丑、癸卯、癸巳、癸酉。
月份：十一月申時，十二月未時，正月午時，二月巳時，三月辰時，四月卯時。
利：巳酉丑人，忌未人，應期：子辰年月。

庚酉山

第一課：利財、利官貴。
日干支：甲子、甲寅、甲辰、甲申。
月份：九月申時，十月未時，十一月午時，十二月巳時，正月辰時，二月卯時。
利：申子辰人，忌戌人，應期：酉年月。
第二課：利財、利婚姻。
日干支：乙丑、乙巳、乙酉。
月份：十二月申時，正月未時，二月午時，三月巳時，四月辰時，五月卯時。

利：申子辰人，忌午人，應期：丑年月。

第三課：利財。

日干支：乙丑、乙巳、乙酉。

月份：九月申時，十月未時，十一月午時，十二月巳時，正月辰時，二月卯時。

利：申子辰人，忌戌人，應期：申酉年月。

第四課：利婚姻、旺丁。

日干支：丙寅、丙辰、丙午。

月份：九月申時，十月未時，十一月午時，十二月巳時，正月辰時，二月卯時。

利：申子辰人，忌戌人，應期：酉年月。

第五課：旺丁、利婚姻。

日干支：丁巳、丁未、丁亥。

月份：九月申時，十月未時，十一月午時，十二月巳時，正月辰時，二月卯時。

利：巳酉丑人，忌戌人，應期：酉年月。

第六課：旺丁、利外遷。

日干支：戊辰、戊午、戊申。

月份：九月申時，十月未時，十一月午時，十二月巳時，正月辰時，二月卯時。
利：申子辰人，忌戌人，應期：酉年月。
第七課：發文貴、利外遷。
日干支：己丑、己酉、己亥。
月份：二月申時，三月未時，四月午時，五月巳時，六月辰時，七月卯時。
利：申子辰人，忌午人，應期：丑年月。
第八課：利財、利婚姻。
日干支：己丑、己巳、己酉、己亥。
月份：十二月申時，正月未時，二月午時，三月巳時，四月辰時，五月卯時。
利：申子辰人，忌午人，應期：丑巳年月。
第九課：利財
日干支：己丑、己巳、己酉。
月份：九月申時，十月未時，十一月午時，十二月巳時，正月辰時，二月卯時。
利：申子辰人，忌戌人，應期：申酉年月。
第十課：利財、利官貴、利婚姻。

日干支：辛丑、辛未、辛亥、
月份：十二月申時，正月未時。二月午時，三月巳時，四月辰時，五月卯時。
利：申子辰人，忌午人，應期：丑巳年月。
第十一課：利財、旺官貴。
日干支：辛未、辛酉、辛亥
月份：九月申時，十月未時，十一月午時，十二月巳時，正月辰時，二月卯時。
利：申子辰，忌戌人，應期：申酉年月
第十二課：旺丁、利文貴
日干支：壬子、壬辰、壬申、壬戌。
月份：五月申時，六月未時，七月午時，八月巳時，九月辰時，十月卯時。
利：申子辰人，忌寅人，應期：巳年月。
第十三課：旺丁，利外遷。
日干支：癸丑、癸巳、癸酉、癸亥。
月份：九月申時，十月未時，十一月午時，十二月巳時，正月辰時，二月卯時。
利申子辰人，忌戌人，應期酉年月。

辛戌山

第一課：利財，利婚姻。
日干支：甲辰、甲申、甲戌。
月份：正月申時，二月未時，三月午時，四月巳時，五月辰時，六月卯時。
利：巳酉丑人，忌未人，應期：子年月。
第二課：旺丁、利外遷。
日干支：甲寅、甲申、甲午。
月份：五月申時，六月未時，七月午時，八月巳時，九月辰時，十月卯時。
利：巳酉丑人，忌卯人，應期：辰年月。
第三課：利財
日干支：己巳、己酉、乙亥。
月份：九月申時，十月未時，十一月午時，十二月巳時，正月辰時，二月卯時。
利：巳酉丑人，忌亥人，應期：申丑年月。
第四課：旺財。
日干支：丁巳、丁未、丁酉。

月份：七月申時，八月未時，九月午時，十月巳時，十一月辰時，十二月卯時。
利：亥卯未人，忌丑人，應期：午卯年月。
第五課：利財。、
日干支：丁未、丁酉、丁亥。
月份：六月申時，七月未時，八月午時，九月巳時，十月辰時，十一月卯時。
利：亥卯未人，忌巳人，應期：寅年月。
第六課：利財、利官貴。
日干支：己丑、己未、己酉。
月份：九月申時，十月未時，十一月午時，十二月巳時，正月辰時，二月卯時。
利：巳酉丑人，忌亥人，應期：申丑年月。
第七課：利財、利婚姻、利官貴。
日干支：庚子、庚寅、庚戌。
月份：正月申時，二月未時，三月午時，四月巳時，五月辰時，六月卯時。
利：巳酉丑人，忌未人，應期：子年月。
第八課：旺丁、利外遷。

日干支：壬子、壬午、壬寅。
月份：正月申時，二月未時，三月午時，四月巳時，五月辰時，六月卯時。
利：巳酉丑人，忌未人，應期：子年月。
第九課：利財、利婚姻。
日干支：壬子、壬午、壬戌。
月份：九月申時，十月未時，十一月午時，十二月巳時，正月辰時，二月卯時。
利：巳酉丑人，忌亥人，應期：申年月。
第十課：旺丁、利外遷。
日干支：壬子、壬午、壬戌。
月份：七月申時，八月未時，九月午時，十月巳時，十一月辰時，十二月卯時。
利：亥卯未人，忌丑人，應期：午年月。
第十一課：利財、利婚姻。
日干支：癸丑、癸巳、癸未。
月份：九月申時，十月未時，十一月午時，十二月巳時，正月辰時，二月卯時。
利：巳酉丑人，忌亥人，應期：申年月。

第十二課：利財
日干支：癸丑、癸卯、癸亥。
月份：七月申時，八月未時，九月午時，十月巳時，十一月辰時，十二月卯時。
利：亥卯未人，忌丑人，應期：午年月。

乾亥山

第一課：利財、利官貴。
日干支：甲辰、甲午、甲申。、
月份：七月申時，八月未時，九月午時，十月巳時，十一月辰時，十二月卯時。
利：申子辰人，忌寅人，應期：巳年月。
第二課：利官貴、利婚姻。
日干支：乙卯、乙未、巳酉、乙亥。
月份：正月申時，二月未時，三月午時，四月巳時，五月辰時，六月卯時。
利：寅午戌人，忌申人，應期：亥年月。
第三課：利財

日干支：丙子、丙辰、丙戌
月份：正月申時，二月未時，三月午時，四月巳時，五月辰時，六月卯時。
利：寅午戌人，忌申人，應期：亥年月。
第四課：利財
日干支：丙辰、丙午、丙申、丙戌。
月份：七月申時，八月未時，九月午時，十月巳時，十一月辰時，十二月卯時。
利：申子辰人，忌寅人，應期：巳年月。
第五課：利財
日干支：丁丑、丁酉、丁亥。
月份：正月申時，二月未時，三月午時，四月巳時，五月辰時，六月卯時。
利：寅午戌人，忌申人，應期：亥年月。
第六課：利丁、利文昌。
日干支：丁丑、丁酉、丁亥。
月份：七月申時，八月未時，九月午時，十月巳時，十一月辰時，十二月卯時。
利：申子辰人，忌寅人，應期：巳年月。

第七課：旺丁、利文昌。
日干支：戊子、戊午、戊申。
月份：三月申時，四月未時，五月午時，六月巳時，七月辰時，八月卯時。
利：申子辰人，忌午人，應期：丑年月。
第八課：旺丁、利文昌。
日干支：戊子、戊午、戊申、戊戌。
月份：七月申時，八月未時，九月午時，十月巳時，十一月辰時，十二月卯時。
利：申子辰人，忌寅人，應期：巳年月。
第九課：利婚姻、利文昌。
日干支：己丑、己卯、己未、己亥。
月份：正月申時，二月未時，三月午時，四月巳時，五月辰時，六月卯時。
利：寅午戌人，忌申人，應期：亥年月。
第十課：利文昌，利外遷。
日干支：己丑、己卯、己酉、己亥。
月份：三月申時，四月未時，五月午時，六月巳時，七月辰時，八月卯時。

利：申子辰人，忌午人，應期：丑年月。

第十一課：旺丁。利文貴。

日干支：辛丑、辛卯、辛亥。

月份：三月申時，四月未時，五月午時，六月巳時，七月辰時，八月卯時。

利：申子辰人，忌午人，應期：丑午年月。

第十二課：利財、利婚姻。

日干支：壬寅、壬午、壬戌。

月份：十二月申時，正月未時，二月午時，三月巳時，四月辰時，五月卯時。

利：寅午戌人，忌辰人，應期：卯年月。

第十三課：旺丁、利文昌。

日干支：壬子、壬辰、壬戌。

月份：七月申時，八月未時，九月午時，十月戌時，十一月辰時，十二月卯時，

利：申子辰人，忌寅人，應期：巳年月。

第十四課：利財。利官貴。

日干支：癸丑、癸卯、癸未、癸亥。

月份：十二申時，正月未時，二月午時，三月巳時，四月辰時，五月卯時。

利：寅午戌人，忌辰人，應期：卯年月。

註：玄命日課譜，是本門絕密之一，以往從不外傳，現整理出為弟子內部資料，絕不可外傳，亂傳者必受天險報之。日課主要是根據太陽、太陰、九星運行演化。查出坐山或所用的方位，對查需要的日課即可，由於門派的分支，本門只留下白天卯時到申時的課譜。陰宅用坐山，如修方看方位，安床用床頭為坐山，安灶看灶的坐向，安神看神位的坐向，大門看方位。日課分為：丁、財、貴、婚、文幾大類，如修灶用於催丁、取旺丁日課即可。

例：安床催丁、己酉年用事，第一查八床催丁，乾方位安床催丁。第二步定床的坐向，如定為卯山酉向，查卯山第八課利丁，如此得出，乙酉年五月申時安床旺丁，日支選用不沖福主年命即可，餘仿此。

附例：陽宅修方催吉例選

流年催財，催貴圖：放佈水法。

流年	水
子	辰巽
丑	巳
寅	卯乙
卯	未坤
辰	甲壬
巳	子巽
午	未坤
未	壬
申	子巽
酉	辰巽
戌	乙卯
亥	辰巽

上表是流年佈水、放魚缸，風水輪等帶動散發水有助財，催貴的作用。

調風水也像看醫生一樣，先抓出病源的所在，此指凶煞之物。如：路沖叉路、尖土、沖射惡沙，對宅的影响，內部有床、灶、門三者對人的影响很大。如方位不合可重新擇吉方位吉課重新安之，即可收立竿見影之效。

外殺：橋、路、廟寺、山墳對沖宅，可用一對石獅子鎮之即可。

如直沖水來對宅，用泰山石鎮之。

如床位不合，會對身體健康、財運、婚姻不利。如灶的方位或朝向不合，對財運，人丁不利。如大門的方位不合，會對工作，文貴不利。

住宅的哪類不佳有情況出現，尋找出問題所在方位，修調之，有轉禍為福的作用。

實例一，陽宅，坐，戌山辰向，宅主坤命。

宅主坤命，戌山宅是延年，大門坤數伏位，兩者吉，但坤門氣衰不吉，床為六煞方凶，由此可見此宅是吉凶對半，流年方位為吉，為吉，凶為凶，一九九九年己卯，紫白入中宮，五黃到床，流年卯再看太歲方不合兩元，現下元卯方見山為凶，斷此年有凶災，口舌，損財，傷足，車禍類，果然應車禍傷足。二零零零年庚辰年，太歲方，辰見水吉，流年紫白，九入中，四飛到床，六白飛到門，床為四九木火通明必有喜慶之事，此年其子有婚姻之喜，二零零一年辛巳年太歲巳方有路，路為風，為凶，等白八入中，五黃到門，門主工作屬外事，斷此年工作上有投資之類失誤破財，或引起官非，其年果應投資股票破財。

實例二：宅坐戌山辰向，宅主乾命，小孩巽命。、

斷宅主乾命，戌山宅合伏位，艮門合兩元也合命為天醫門應大吉之宅，財貴兩得。再看小孩房間如何，小孩巽命，坤床為五鬼不吉，再問福主何年何月入住，二零零一年，紫白入中，五黃到坤，我斷小孩有怪病，福主答：入住後工作、財運都不佳，但小孩得怪病，到夜子時，不停飲水，天天是這樣，到過很多地方求醫說沒病，小孩身體很差，

白天無精神。後我擇一吉日叫福主把小孩床搬到離方，兩個月後，此病消失。

實例三：陰宅，做寅山申向，七運葬。

此墳一九九七年丁丑年葬，我斷葬後財運不佳，坤水為零神合兩元應以吉論。申向挨星為貪狼一白，七運為火，向為內，運為外，為剋出退氣，需平穩但做事辛苦，再看太歲二零零三年癸未年太歲到水塘，此年太歲得運，紫白六白入中九紫飛到山上，九八主喜慶，進財，太歲與紫白兩都佳，當然此年最吉，二零零四年臨申也是水塘，太歲得位，當然也吉，後福主告知，下葬後一直在單位工作平穩，到癸未年，接到一些工程，賺了不少，果驗。

陰宅實例

一九九五年我為福主李某立的陰宅，卯山酉向。
葬後數年發至巨富，富貴兩得。
九五年為下元七運，坤水催富，得運。
得坤方申水上堂合下元吉水，
立酉向屬金首，巳生長……申為臨官吉水上堂。
合向正長生水法的祿貴水上堂，哪有不發之理。
再配合本門日課催貴，故短短數年發至巨富，其小孩上清華大學，富貴兩得。
(注酉向為旺向，巳酉丑合金局，巳生長，申為臨官吉水，喜左水倒右。
七運坤申之水吉而催貴。風水宜向與運配合。
此乃以水立向之佳作。

論三陽水法

三陽水六秀砂是玄命風水精華，論財兼或論貴。

三陽水法以向來論，分一六、二七、三八、四九局。

局	小神	中神	大神	
一六局	癸	壬	乾	大貴局，發官發財，發金水類的財富。
二七局	辛	庚	坤	利財福，經商，發土金類的財富。
三八局	乙	甲	艮	利武貴，軍人、公檢法、醫療、技工、發製造業財富。
四九局	丁	丙	巽	利文貴，利文才、教書、文職官員，電腦、科研。
房份	三六九、	二五八	一四七	

三陽水，右水倒左，小神（陰干）入中神（陽干），再入大神（四維卦），最吉。

反之，左水到右，屬於退敗局，或逃亡局。

四九局，三陽水從右流到左，吉，如從左流到右，凶。

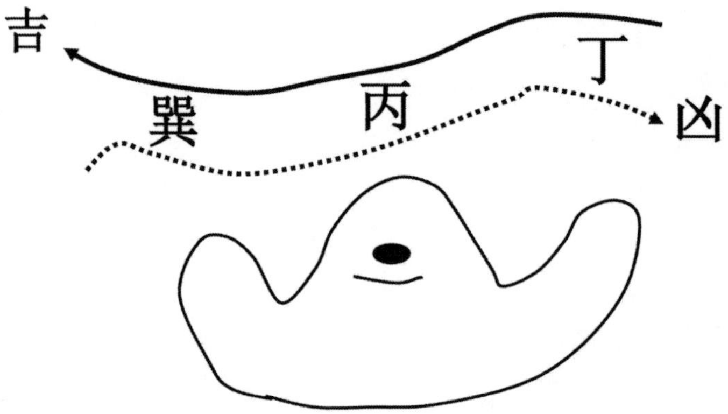

三陽水從右到左流，對小中房吉，長房凶。

如果反流，不能長久，逃往外地，但對長房有利。

此村屬四九局，六百年來，科甲不斷。

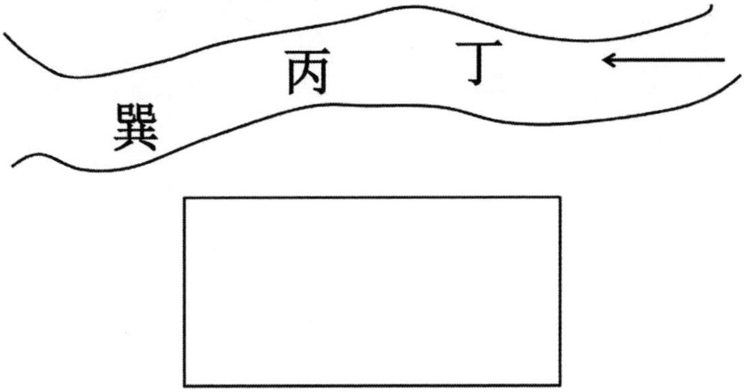

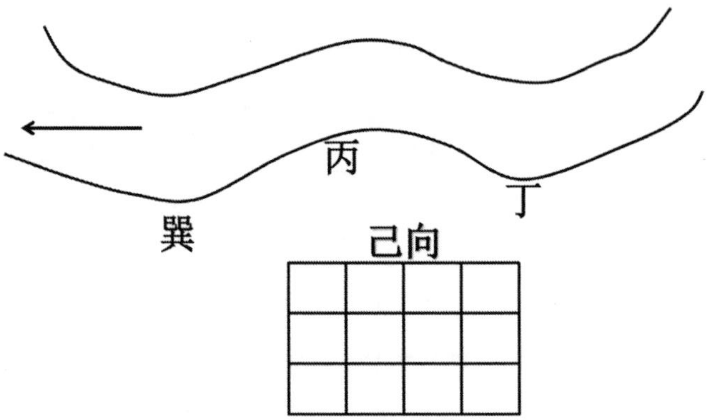

廣西成氏的祖宅，是靈龜出水，卯山酉向，屬二七局，利財，為貪官，前面水從左到右流，為敗局，逃亡地。

此樓是丙山壬向，一六局，由於灶在乾方，破了三陽水，所以，長子出車禍死，次子帶疾。

乾 壬 癸
灶
四樓
長子住

乾 壬 癸
灶
三樓
次子住

一、漢代風水師黃石公留下風水名訣：「乾龍乾向水流乾，代代出官員，坤龍坤向水流坤，富貴永不休」。許多學者不解，其實玄命風水書中解釋得十分明白，開篇的玄關訣曰：「先天配後天，五行顛倒顛，河洛生成數，至要乃玄關，誰人能知曉，便是地中仙。」舉例：某鄉村一住宅，丁山癸向，丁山為先天乾位，那麼它的玄關在後天之乾方，恰水流向乾方有塘，我當時即斷他家代代出當官的，而且是縣級以上的官。最近的是在廣州任廳級官職。

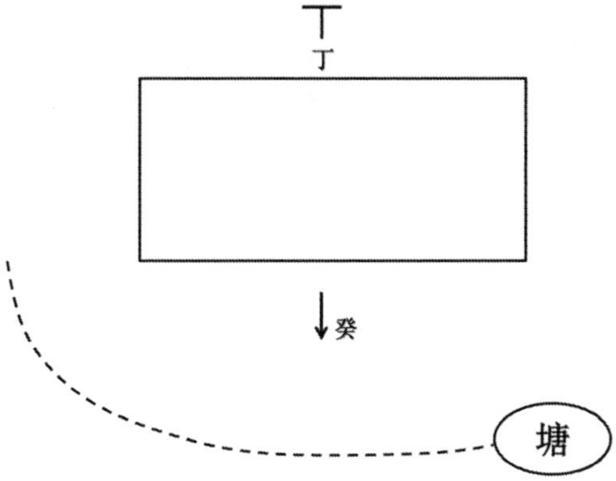

小老板的住房把大神位給佔了，所以發財小。

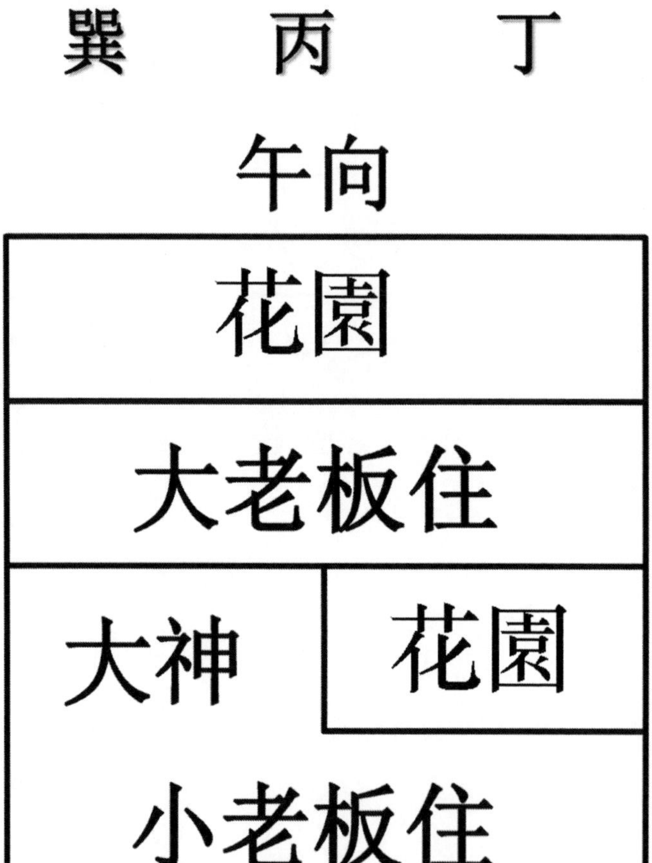

遠處大河水從右到左，近處小河水從左到右，主到外地發財。

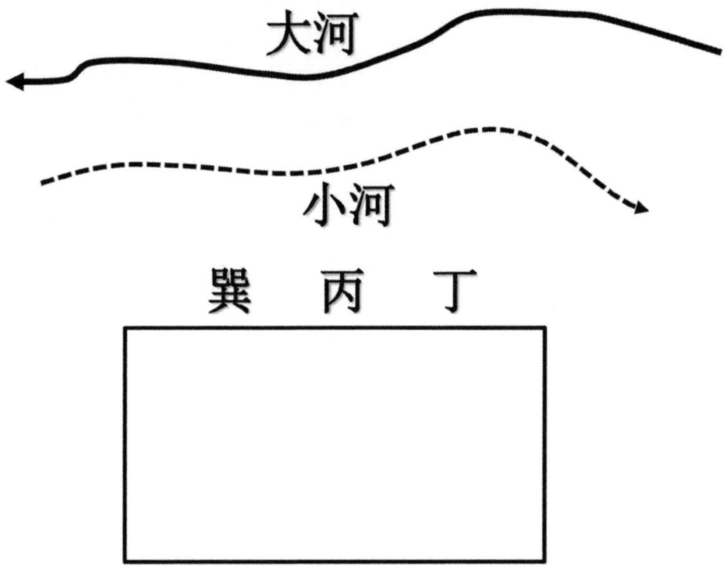

毛主席故居坐丁向癸，屬一六局，三陽水從右到左，大貴局。

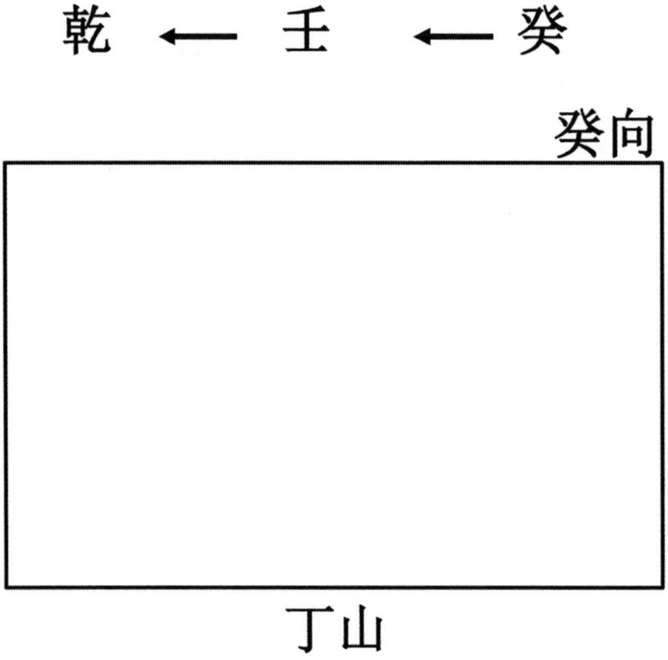

孔子的祖墳，坐乾向巽，屬四九局，前面的尼山河從右向左流，所以出文貴之人（教書）。

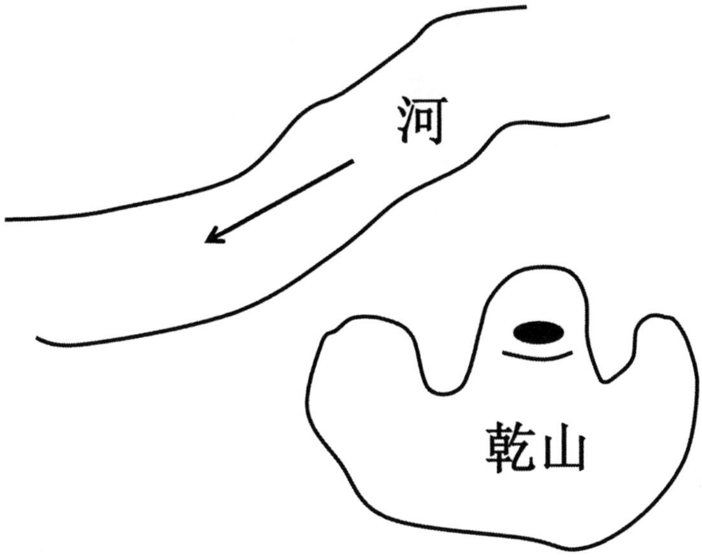

馮玉祥祖墳，坐坤向艮，屬三八局，前面有從右到左的流水，所以出武貴之人。

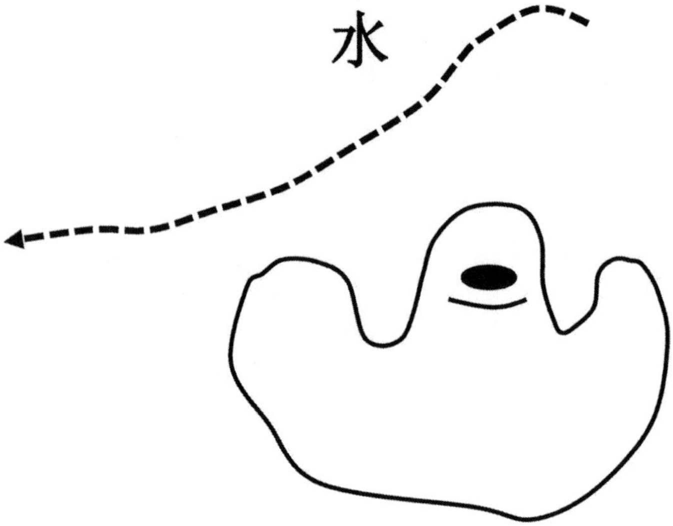

易學・術數・養生・太極拳 課程

易學、易占	實用象數易六爻占卜基礎、進階	愚人老師（《增刪卜易之六爻古今分析》作者）	本課程介紹象數易六爻占卜基礎。深入淺出。除理論外，配以六爻占卜實際操作及解卦方法。
	六爻入門、深造、《增刪卜易》理論研討	李凡丁老師（《全本校註增刪卜易》作者）	以《增刪卜易》為經，民間六爻為緯，分易占思維、基礎點竅、事理取用、卦爻結構、作用順序、象法初階等幾方面進行講解。首次公開六爻『流動、卦陣、虛實』三大理論
八字命理	峨眉宗八字命理學及修煉用神（改善運程）	峨眉臨濟宗掌門傳偉中老師指定導師	快速準確掌握八字用神。不單可以通過八字命理「知命」，更可以通過峨眉臨濟宗傳承的獨有修煉用神方法改善運程。
紫微斗數	紫微斗數初班	潘國森老師（《斗數詳批蔣介石》、《潘國森斗數教程》系列作者）	• 簡介陰陽五行、星命學、曆法。 • 斗數基礎與局限。命盤十二宮。 • 十四正曜，十四助曜，十干四化，八十雜曜等性質。 • 命格、大運、流年。名人命例。
	紫微斗數高班		十四正曜性質之變化，南北斗中天主星之性質。命身宮與格局，大運流年影響。六親宮位的推斷原則。一百四十四格與十干四化之交涉。以名人命例作教材。並指導學員撰寫簡單批書。
風水	廖氏家傳玄命風水學面授課程（入門班、中級班、高級班）	江西廖氏家傳玄命風水三十七代傳人廖民生老師	本課程系統教授江西興國三僚廖氏過去單傳的風水，包括形勢（巒頭）、理氣的不同用法：〈玄關訣〉、〈斗秘訣〉、〈楊公鎮山訣〉、〈些子訣〉、〈三陽六秀訣〉、〈三合訣〉、〈小玄空訣〉、〈大玄空訣〉……以及擇日等；準確率高達96% 以上。
	玄空風水實用初班	李泗達老師（《玄空風水心得》（一）（二）作者）	科學設計課程，深入淺出，一針見血，快速有效。 風水基本知識、室內外巒頭、常見風水煞及化解法、元運、量天尺、排山掌訣、玄空飛星盤、四大格局初探、五行擇日、九星初探、簡易斷事、流年風水佈局
	玄空風水高級課程		四大格局精義、合十格局、反伏吟、三般卦、七星打劫、城門訣、兼卦、流年催財訣、流年催桃花訣、流年催官訣

養生	峨眉十二莊養生功	峨眉臨濟宗掌門傅偉中老師指定導師	博大精深、融匯中醫、氣功、武學、禪修等功法，千錘百鍊，由淺入深。十二莊分別稱為『天、地、之、心、龍、鶴、風、雲、大、小、幽、明（冥）。』十二莊還分為文武兩勢和大小煉形法，根據人身經絡氣脈的順暢程度，運用不同的架勢方法進行鍛煉。益處包括：強健機能，保持悅樂。對各種慢性疾病具有神奇的療理保健作用。習武練功者可迅速加深功境。堅持修煉，可證禪無我境界，身心離苦，得生活藝術大自在。
太極拳、太極內功	汪永泉楊氏太極拳（老六路）內功、行功與揉手	汪永泉傳楊氏太極拳研究會會長	太極拳內練的功法。過去多是秘傳，知者甚少。根據楊建侯宗師再傳弟子汪永泉先生傳承的講法『內功太極拳（老六路），其獨特之處，不僅在招式，當中有動有靜，著重內功。根據行者的年齡、身體情況、練習招或術、養生或技擊等，姿勢可以大或小，高或低、快或慢……太極拳本無特定之招式，為教學之故，非不得已通過招式、套路、推手（揉手）、器械等去掌握內功與外形的配合、陰陽動靜等。』

報名、查詢：心一堂

電話：（八五二）六七一五〇八四〇
地址：香港九龍旺角西洋菜街南街5號 好望角大廈1003室
電郵：sunyatabook@gmail.com
網址：http://institute.sunyata.cc
Facebook: www.facebook.com/sunyatabook

心一堂術數古籍珍本叢刊　第一輯書目

占筮類			
1	擲地金聲搜精秘訣	心一堂編	沈氏研易樓藏稀見易占秘鈔本
2	卜易拆字秘傳百日通	心一堂編	
3	易占陽宅六十四卦秘斷	心一堂編	火珠林占陽宅風水秘鈔本
星命類			
4	斗數宣微	【民國】王裁珊	民初最重要斗數著述之一；未刪改本
5	斗數觀測錄	【民國】王裁珊	失傳民初斗數重要著作
6	《地星會源》《斗數綱要》合刊	心一堂編	失傳的第三種飛星斗數
7	《斗數秘鈔》《紫微斗數之捷徑》合刊	心一堂編	珍稀「紫微斗數」舊鈔
8	斗數演例	心一堂編	秘本
9	紫微斗數全書（清初刻原本）	題【宋】陳希夷	斗數全書本來面目；有別於錯誤極多的坊本
10-12	鐵板神數（清刻足本）——附秘鈔密碼表	題【宋】邵雍	無錯漏原版 秘鈔密碼表　首次公開！
13-15	蠢子數纏度	題【宋】邵雍	蠢子數連密碼表 打破數百年秘傳　首次公開！
16-19	皇極數	題【宋】邵雍	清鈔孤本附起例及完整密碼表 研究神數必讀！
20-21	邵夫子先天神數	題【宋】邵雍	附手鈔密碼表 研究神數必讀！
22	八刻分經定數（密碼表）	題【宋】邵雍	皇極數另一版本；附手鈔密碼表
23	新命理探原	【民國】袁樹珊	子平命理必讀教科書！
24-25	袁氏命譜	【民國】袁樹珊	
26	韋氏命學講義	【民國】韋千里	民初二大命理家南袁
27	千里命稿	【民國】韋千里	北韋
28	精選命理約言	【民國】韋千里	北韋之命理經典
29	滴天髓闡微——附李雨田命理初學捷徑	【民國】袁樹珊、李雨田	命理經典未刪改足本
30	段氏白話命學綱要	【民國】段方	民初命理經典最淺白易懂
31	命理用神精華	【民國】王心田	學命理者之寶鏡

32	命學探驪集	【民國】張巢雲	發前人所未發 稀見民初子平命理著作
33	澹園命談	【民國】高澹園	
34	算命一讀通——鴻福齊天	【民國】不空居士、覺先居士合纂	
35	子平玄理	【民國】施惕君	
36	星命風水秘傳百日通	心一堂編	
37	命理大四字金前定	題【晉】鬼谷子王詡	源自元代算命術
38	命理斷語義理源深	心一堂編	稀見清代批命斷語及活套
39－40	文武星案	【明】陸位	失傳四百年《張果星宗》姊妹篇 千多星盤命例 研究命學必備
相術類			
41	新相人學講義	【民國】楊叔和	失傳民初白話文相術書
42	手相學淺說	【民國】黃龍	民初中西結合手相學經典
43	大清相法	心一堂編	重現失傳經典相書
44	相法易知	心一堂編	
45	相法秘傳百日通	心一堂編	
堪輿類			
46	靈城精義箋	【清】沈竹礽	沈氏玄空遺珍 玄空風水必讀
47	地理辨正抉要	【清】沈竹礽	
48	《玄空古義四種通釋》《地理疑義答問》合刊	沈瓞民	
49	《沈氏玄空吹虀室雜存》《玄空捷訣》合刊	【民國】申聽禪	
50	漢鏡齋堪輿小識	【民國】查國珍、沈瓞民	
51	堪輿一覽	【清】孫竹田	失傳已久的無常派玄空經典
52	章仲山挨星秘訣（修定版）	【清】章仲山	章仲山無常派玄空珍秘 門內秘本首次公開
53	臨穴指南	【清】章仲山	
54	章仲山宅案附無常派玄空秘要	心一堂編	沈竹礽等大師尋覓一生末得之珍本！
55	地理辨正補	【清】朱小鶴	玄空六派蘇州派代表作
56	陽宅覺元氏新書	【清】元祝垚	簡易・有效・神驗之玄空陽宅法
57	地學鐵骨秘 附 吳師青藏命理大易數	【民國】吳師青	釋玄空廣東派地學之秘
58－61	四秘全書十二種（清刻原本）	【清】尹一勺	玄空湘楚派經典本來面目 有別於錯誤極多的坊本

62	地理辨正補註 附 元空秘旨 天元五歌 玄空精髓 心法秘訣等數種合刊	【民國】胡仲言	貫通易理、巒頭、三元、三合、天星、中醫
63	地理辨正自解	【清】李思白	公開玄空家「分率尺、工部尺、量天尺」之秘
64	許氏地理辨正釋義	【民國】許錦灝	民國易學名家黃元炳力薦
65	地理辨正天玉經內傳要訣圖解	【清】程懷榮	秘訣一語道破，圖文并茂
66	謝氏地理書	【民國】謝復	玄空體用兼備、深入淺出
67	論山水元運易理斷驗、三元氣運說附紫白訣等五種合刊	【宋】吳景鸞等	失傳古本《玄空秘旨》《紫白訣》
68	星卦奧義圖訣	【清】施安仁	三元玄空門內秘笈 清鈔孤本 過去均為必須守秘不能公開秘密 與今天流行飛星法不同
69	三元地學秘傳	【清】何文源	
70	三元玄空挨星四十八局圖說	心一堂編	
71	三元挨星秘訣仙傳	心一堂編	
72	三元地理正傳	心一堂編	
73	三元天心正運	心一堂編	
74	元空紫白陽宅秘旨	心一堂編	
75	玄空挨星秘圖 附 堪輿指迷	心一堂編	
76	姚氏地理辨正圖說 附 地理九星并挨星真訣全圖 秘傳河圖精義等數種合刊	【清】姚文田等	蓮池心法 玄空六法 門內秘鈔本首次公開
77	元空法鑑批點本——附 法鑑口授訣要、秘傳玄空三鑑奧義匯鈔 合刊	【清】曾懷玉等	
78	元空法鑑心法	【清】曾懷玉等	
79	蔣徒傳天玉經補註	【清】項木林、曾懷玉	
80	地理學新義	【民國】俞仁宇撰	揭開連城派風水之秘
81	地理辨正揭隱(足本) 附連城派秘鈔口訣	【民國】王邈達	
82	趙連城傳地理秘訣附雪庵和尚字字金	【明】趙連城	
83	趙連城秘傳楊公地理真訣	【明】趙連城	
84	地理法門全書	仗溪子、芝罘子	巒頭風水，內容簡核、深入淺出
85	地理方外別傳	【清】熙齋上人	巒頭形勢、「望氣」「鑑神」
86	地理輯要	【清】余鵬	集地理經典之精要
87	地理秘珍	【清】錫九氏	巒頭、三合天星，圖文並茂
88	《羅經舉要》附《附三合天機秘訣》	【清】賈長吉	清鈔孤本羅經、三合訣法圖解
89-90	嚴陵張九儀增釋地理琢玉斧巒	【清】張九儀	清初三合風水名家張九儀經典清刻原本！

91	地學形勢摘要	心一堂編	形家秘鈔珍本
92	《平洋地理入門》《巒頭圖解》合刊	【清】盧崇台	平洋水法、形家秘本
93	《鑒水極玄經》《秘授水法》合刊	【唐】司馬頭陀、【清】鮑湘襟	千古之秘，不可妄傳匪人
94	平洋地理闡秘	心一堂編	雲間三元平洋形法秘鈔珍本
95	地經圖說	【清】余九皋	形勢理氣、精繪圖文
96	司馬頭陀地鉗	【唐】司馬頭陀	流傳極稀《地鉗》
97	欽天監地理醒世切要辨論	【清】欽天監	公開清代皇室御用風水真本
三式類			
98-99	大六壬尋源二種	【清】張純照	六壬入門、占課指南
100	六壬教科六壬鑰	【民國】蔣問天	由淺入深，首尾悉備
101	壬課總訣	心一堂編	過去術家不外傳的珍稀六壬術秘鈔本
102	六壬秘斷	心一堂編	
103	大六壬類闡	心一堂編	
104	六壬秘笈——韋千里占卜講義	【民國】韋千里	六壬入門必備
105	壬學述古	【民國】曹仁麟	依法占之，「無不神驗」
106	奇門揭要	心一堂編	集「法奇門」、「術奇門」精要
107	奇門行軍要略	【清】劉文瀾	條理清晰、簡明易用
108	奇門大宗直旨	劉毗	天下孤本 首次公開 虛白盧藏本《秘藏遁甲天機》 奇門不傳之秘 應驗如神
109	奇門三奇干支神應	馮繼明	
110	奇門仙機	題【漢】張子房	
111	奇門心法秘纂	題【漢】韓信（淮陰侯）	
112	奇門廬中闡秘	題【三國】諸葛武侯註	
選擇類			
113-114	儀度六壬選日要訣	【清】張九儀	清初三合風水名家張九儀擇日秘傳
115	天元選擇辨正	【清】一園主人	釋蔣大鴻天元選擇法
其他類			
116	述卜筮星相學	【民國】袁樹珊	民初二大命理家南袁北韋 南袁之術數經典
117-120	中國歷代卜人傳	【民國】袁樹珊	

心一堂術數古籍整理叢刊

全本校註增刪卜易	【清】野鶴老人	李凡丁（鼎升）校註
紫微斗數捷覽（明刊孤本）附點校本	傳【宋】陳希夷	馮一、心一堂術數古籍整理小組點校
紫微斗數全書古訣辨正	傳【宋】陳希夷	潘國森辨正
應天歌（修訂版）附格物至言	【宋】郭程撰　傳	莊圓整理
壬竅	【清】無無野人小蘇郎逸	劉浩君校訂
奇門祕覈（臺藏本）	【元】佚名	李鏘濤、鄭同校訂
臨穴指南選註	【清】章仲山原著	梁國誠選註

心一堂當代術數文庫

增刪卜易之六爻古今分析	愚人
命理學教材（第一級）	段子昱
斗數詳批蔣介石	潘國森
潘國森斗數教程（一）：入門篇	潘國森
紫微斗數不再玄	犂民
玄空風水心得（增訂版）（附流年催旺化煞秘訣）	李泗達
玄空風水心得（二）——沈氏玄空學研究心得（修訂版）附流年飛星佈局	李泗達
廖氏家傳玄命風水學（一）——基礎篇及玄關地命篇	廖民生
廖氏家傳玄命風水學（二）——玄空斗秘篇	廖民生
廖氏家傳玄命風水學（三）——楊公鎮山訣篇 附 斷驗及調風水	廖民生
廖氏家傳玄命風水學（四）——秘訣篇：些子訣、兩元挨星、擇吉等	廖民生